Der Betrachter

Printed in Austria by Druckhaus R. Kiesel, Salzburg
ISBN 3-7017-0194-6

RUDOLF BAYR

Der Betrachter

ROMAN

Residenz Verlag

Ja, Herr Oberlandesgerichtsrat, natürlich habe ich gezielt, schießen, ohne vorher zu zielen, ist doch zwecklos, schießen, ohne zu zielen, wäre doch nur Schießgeräusch hervorbringen, eine Kindersache, eine des Brauchtums da und dort, wo man schießt, weil man nur schießen und nicht auf etwas schießen soll oder darf, wo schießen eine Erinnerung ist, etwa eine historische Reminiszenz, Anlässe und Tage, da geschossen wurde über Kimme und Korn, sind längst vorbei, sind Jubiläen, der Festredner sagt, daß da geschossen wurde auf und weil und die Freiheit verteidigt worden war und, bedenken Sie, Herr Oberlandesgerichtsrat, zur gleichen Zeit sind dann welche, die eine trauernde Nachrede halten, da sie heute die sind, welche von Vätern und Vorvätern überliefert bekommen haben, daß deren Väter und Vorväter geschossen hatten, aber mit einem Male hatten aufhören müssen zu schießen, weil die anderen, von denen der Festredner gerade redet, besser gezielt hatten oder mehr waren, und dann ist eben dort, wo der Festredner gerade in seiner Festrede ist, die Freiheit bei denen gewesen, die geschossen hatten, und bei den anderen, die auch, aber weniger und weniger gut gezielt geschossen hatten, bei diesen anderen sind es nur die Toten, von denen die Rede ist –
Sie geben also zu, sagte der Oberlandesgerichtsrat, gezielt geschossen zu haben.

Man kommt nicht weiter, man tritt auf der Stelle, schreiben die Zeitungen über den Prozeß Aemilian Karrner. Keiner der Journalisten konnte sich erinnern, jemals drei Tage über der Erörterung von Personalien, Feststellungen zur Person versessen zu haben. Kein Ende abzusehen, schreiben die Zeitungen am dritten Tag, seit Aemilian Karrner gesagt hatte, daß er der sei, den der Oberlandesgerichtsrat gefragt hatte, ob er Aemilian Karrner sei. Man hätte da noch glauben können, die Sache sei bald vorbei, weil eindeutig und unschwierig zu beurteilen, der Angeklagte hatte allem zugestimmt, betreffend daß er ehelos geblieben und keine Religion habe, die Sätze hörten sich flüssig am Gehör vorbeifallend an, bis der Oberlandesgerichtsrat, der jede Frage sich selbst gefragt und jede Antwort sich selbst beantwortet hatte, und von Beruf sind Sie, hatte er gesagt, und da war eine Pause und ein genaueres Hinsehen in den Akt, und von Beruf sind Sie, die Worte waren langsam und wie in Zweifel eingedickt –

Betrachter, sagte Aemilian Karrner.

Und was betrachten Sie?

Veränderungen, Herr Oberlandesgerichtsrat, die Veränderungen.

Journalistenlachen. Stille. Brillenblick des Oberlandesgerichtsrates, Gesicht über den Tisch hinschieben, im Zuredeton: Aber Veränderungen betrachten ist doch kein Beruf.

Warum nicht? Aemilian Karrner betrachte regelmäßig, habe Betrachterstunden von bis und einen Ruhetag die Woche.

Ob man nicht besser sagte, er sei ein Philosoph?

Nein; er mache sich nämlich nichts aus Wahrheit und Erkenntnis. Und die wiesen doch den Philo-

sophen aus. Er hingegen betrachte bloß, halte sich still, unbewegt, die Zeit nicht mit Eigenbewegung an dem Geschäft des Veränderns zu stören. Wenn man sich nämlich nicht völlig unbewegt verhalte, erläuterte Aemilian Karrner dem Gericht, sei man schnell zu dem Irrglauben verführt, man sei an Veränderungen mithelfend beteiligt. Das sei jedoch gänzlich unmöglich. Denn nur die Zeit sei es, die, sie verändernd, Dinge und Menschen durchziehe und dabei sich nach außen schlage.
Pause. Journalistenlachen. Der Oberlandesgerichtsrat vertagt den Prozeß.

Aemilian Karrner wird untersucht. Er wird gewogen, gemessen, beklopft, behorcht, gedrückt, befühlt, man zieht ihm Blut ab und Wasser heraus, genauer, er muß es abgeben, und zwischendurch warten und seinen Namen aufrufen hören und gehen und sitzen und sich legen, Stunden hinbringen zwischen Schwesternlächeln und Schwesternernst und Ärztelächeln und Ärzteernst, und darunterhin fahren Blässe, mit Tod besetzt, und Betäubungen und Schmerzen, geradezu ein Bahnhof ist so ein Spital, da werden Leben verschoben und Tod, wird Hoffnung verladen, stationär, Station, aussteigen, aussteigen ...
Aemilian Karrner ist vollkommen gesund. Da sind die Befunde, nichts Pathologisches. *Die Ärzte stehen vor einem Rätsel.* Erzählen Sie einmal einfach Ihr Leben, sagte der Nervenarzt Dozent Dr. Gotthold Frese, erzählen Sie, Herr Karrner, ich meine, es muß doch da etwas gewesen sein, daß einer zu

schießen anfängt, noch dazu gezielt, wie Sie vor Gericht erklärt haben, Sie sind doch *kerngesund*, wie ich aus den Befunden ersehe, und so ein kerngesunder Mensch schießt plötzlich, Sie müssen mir da schon einiges erzählen, das Gericht muß einen Zugang finden zu Ihrem Fall –

Mich irritiert, sagte Aemilian Karrner in der Ordination Dozent Dr. Gotthold Freses, er sagte: mich irritiert, obschon Irritationen festzustellen Sache der *Befundung* Dozent Dr. Gotthold Freses gewesen wäre –, daß ein Mann Ihrer Wissenschaft das Leben für erzählbar hält, nämlich *das* Leben, Herr Dozent, das es ja nicht gibt als einfachen Gegenstand, Sie sollten sich da anders, reflektierter, kritischer ausdrücken, denke ich, Sie sollten sagen, daß Sie von mir erwarten, Eigentümlichkeiten meines Verhaltens im Leben zu erfahren, die es Ihnen und Ihrer Wissenschaft verständlich machen, daß ein Mann von zweiundfünfzig Jahren, dem die örtliche Polizei jederzeit ein Leumundszeugnis ausgestellt hätte, ohne jedes Symptom zu schießen anfängt . .

Herr Dozent, dem Schießen geht das Grüßen voraus. Grüßen ist das Ritual des sozialen Instinkts. Grüßen macht einen Feind für den Augenblick affektlahm, waffenlos, wer freundlich grüßt, zieht eine süße Spur durch seine Tage. Ich aber möchte sie schlagen, diese freundlichen Grüßer, schlagen in ihr positives Begegnungsgesicht, in diese Physiognomie gewordene Lüge. Nicht schwierig, sich einen Menschen auszudenken, dessen bestimmendes Verhalten es ist, freundlich zu grüßen. *Grüß schön,* sagt der Vater, und *sag schön guten Tag,* sagt die Mutter, und *mach einen schönen Diener,* sagen der Vater und die Mutter, wenn die Tante kommt oder ihnen der Amtsvorstand begegnet in der Stadt. Und dann einmal geschieht es, daß der Vater fragt, ob man gegrüßt habe, und sich herabbeugt dabei und noch einmal fragt, ob man schön gegrüßt habe, und die Frage macht sich dabei langsam groß und wird dunkler, wie drohend, und man beginnt zu ahnen, daß grüßen oder nicht grüßen einen dem Lohn oder der Strafe aussetzt, *geh dich entschuldigen bei dem Herrn,* sagt der Vater, wenn man nicht gegrüßt hat, seine Stimme hat ein Urteil eingepackt; was freundlich grüßen betrifft, ist Versäumnis gleich Vergehen, die Grüßer bejahen die Gesellschaft, sie sind geradezu der staatserhaltende Teil der Bevölkerung, ich meine damit, sagt Aemilian Karrner, daß ein Gemeinwesen sich in Ritualen eine Vorbeugung gegen Revolutionen verspricht. Ja, und sehen Sie, Herr Dozent, dieser Mensch, den ich mir da ausdenke, zu dem der Vater sich hinabbeugt und fragt, ob er schön gegrüßt habe, und es noch einmal fragt und dunkler, dieser Mensch nimmt das in sich hinein, den Blick, die Frage, die Stimme, knüpft es in sein Gewissen ein, gegrüßt zu haben wird ihm eine Ruhe, Befriedigung, ein Fall moralischer Selbstkonsumation, nicht gegrüßt zu haben eine Unruhe, ein Verstoß, die Frage, ob er gegrüßt habe oder nicht, dieser Zweifel kürzt ihm den Schlaf, verdünnt ihn, dieser Mensch wird sich vor-

nehmen, den anzurufen am Morgen, gleich in der Früh wird er ihn anrufen, den er hätte grüßen sollen, aber leider, der Mann ist bereits aus dem Haus, unser ausgedachter Mensch war die letzte Stunde noch einmal eingenickt, müde davon, all die Umstände heranzuziehen, die ihm entscheiden könnten, ob er gegrüßt habe oder nicht, also der, der gegrüßt hätte werden sollen und möglicherweise nicht war gegrüßt worden, der ist schon unterwegs ins Büro, auch tagsüber nie erreichbar, immer bei Besprechungen, unser Mensch versucht es stündlich, er zählt die Knöpfe seines Rockes ab, ob er jetzt anrufen soll oder später, und wenn die Wolke aus dem Fenstviereck verschwindet, sagt er sich, wird er es noch einmal probieren. Knapp vor Mitternacht erreicht der Mensch nun den, den er grußeshalber Stund um Stunden verfolgt, ich habe schon geschlafen, sagt der Mann verärgert, obendrein habe er gar nichts bemerkt, ihn gar nicht gesehen, nein, nicht die Spur einer Beleidigung, jetzt aber wolle er schlafen, wünsche auch seinerseits eine gute Nacht. Natürlich hat die unser Grüßer sicher nicht. Jetzt nämlich bleibt er schlaflos über dem Gedanken, wie er sich entschuldigen soll dafür, daß er gegen Mitternacht den Mann aus dem Bett geläutet hatte, sich dafür zu entschuldigen, daß er ihn nicht gegrüßt habe.
Kommen Sie nächsten Mittwoch wieder, sagte Dozent Dr. Gotthold Frese.

Aemilian Karrner reist gern in der Eisenbahn, freilich nicht ohne eine spezifische Erwartungsangst: Wird es ihm gelingen, ein Coupé für sich allein zu haben? Auf einem sogenannten Kopfbahnhof geht er, kurz vor Abfahrt des Zuges, denn nur dann kann er die Dichte der Besetzung sehen, die Waggongarnitur ab; setzend auf die Trägheit der Leute, durchmustert er genau jene Wagen, welche vom Beginn des Perrons am weitesten entfernt sind. Auf den Bahnhöfen, wo Aemilian Karrner zusteigen muß, läßt er den ganzen Zug an sich vorbei einfahren; hält er irgendwo draußen, ist die Chance, daß ein bis dahin leeres Abteil leer bleibt, am besten. Aemilian Karrner findet dank diesem Verfahren beinahe immer das erwartungsängstlich gesuchte leere Coupé. Natürlich ist jedes in jenem Zustand gemäßigter Verwahrlosung, den die Eisenbahnverwaltung mit Personalmangel entschuldigt, im übrigen, sagt sie, sei die Reinigung des Zuges entbehrlich, hielten die Reisenden ihn rein. Da also die nichts tut und die nichts tun, säubert Aemilian Karrner, behandschuht, die Sitze, nicht nur seinen Sitz, auch die anderen, Brotkrümel nämlich stören ihn überall, faltet durcheinandergelesene Zeitungen zusammen, stopft Papierbecher in den Abfallkorb und zieht das Fenster herab, Luft einzulassen .. Sicher, sagt Aemilian Karrner zu Dozent Doktor Gotthold Frese, werden Sie auf Kontaktneurose erkennen, aber veranschlagen Sie doch bitte, in welchem Maße Eisenbahnfahrkarten Ausdünstungsberechtigte schaffen, auch Wurstesser, Brotzerkrümler, nicht gerechnet die Durchblutungsgestörten, sie ziehen, kaum daß sie sich auf dem Sitz zurechtgedrückt haben, die Schuhe aus, nirgends habe ich so oft auf Socken schauen müssen und Strümpfe an öffentlich zugänglichen Orten; interessant, einmal auszurechnen, wie viele Kilometer Krampfadern in waagrecht ausgestreckten Beinen die Bundesbahnen jährlich transportieren, wie viele Liter reisendes Schweißkondensat, welche Menge ausgeatmetes Wurstgewürz die Luftanalyse erbrächte . . . Sie verstehen, daß ich meine Reisepläne nicht an Zeit und Ort orientiere, sondern danach, wann wohin ich ein Coupé zu finden die Chance habe, in dem ich Reisendevergangenheit durch das niedergezogene Fenster hinauslassen und die Säumigkeit der Bahnverwaltung behandschuht korrigieren kann . .

Ich möchte wissen, wer das herausgefunden hat. Ja, ich bezahle diesen Bettler dafür, daß er in einer anderen Gasse bettelt. Nein, nein, nicht, daß er bettelt, nicht die soziale Attacke in Permanenz ist das Motiv dafür, die Heuchelei des Invaliden stört mich, der Mann verkauft Ansichtskarten, er gibt sich den Anschein eines Gewerbetreibenden, links und rechts von ihm verkaufen sie Gemüse und Fleisch und Käse, dieser Mensch jedoch tut so, als sei zu verkaufen sein Beruf . . Demonstrieren Sie, sagte ich zu ihm, daß der Staat versagt an Ihrem Elend, helfen Sie doch nicht dieser sozialen Verlogenheit, indem Sie sich als Händler ausgeben . . Ja, sagte der Invalide, er halte es auch für richtiger, etwas zu demonstrieren als zu tarnen, aber Gesetz und Polizei – Wissen Sie, sagte der Inva-

lide, unsereiner muß der Polizei helfen, behilflich zu sein, Polizisten sind ängstliche Menschen –
Ja, sagte Aemilian Karrner, Mut als pervertierte Angst, man kann beim Friseur darüber lesen. Und dann einigten wir uns auf den Dreifaltigkeitsplatz.

Es deprimiert doch bereits, daß man zwar sagt, zwei Menschen schlafen miteinander, das verhaltenszugehörige Hauptwort aber *Beischlaf*, nicht *Mitschlaf* heißt, es ist, als steckten im Verbum Erwartung und Vorsatz, im Substantiv hingegen Distanzierung, Zurücknahme, Relativierung des gemeinschaftlichen Momentes, wohl Enttäuschung auch darüber, daß das Miteinander in ein lokales Beieinander zerfällt. Diesem Auseinanderfallen sollte man zuvorkommen. Den Abschied nehmen und schuldig bleiben zugleich. Dämmer und eine Gasse aus Amselruf hier, Helligkeit, in der sich Tag und Partner einrichten später, dort . .
Wie kommt man zu so einem Turm?, fragte Dozent Dr. Gotthold Frese.
Über einen gerollten Kalbsbraten, die normierte Speisewagendiät, den man zurückschickt, Kommentar meines Gegenübers zum gastronomischen Elend auf Schienen, wechselweise Bemerkungen über Dosen, Tiefkühlung, Fleischqualität, ihre Erkennbarkeit, Fütterung der Kälber, Rinder, Düngung, biologische Schädlingsbekämpfung, Gifte, Vergiftungen, Zerstörung, Ausbeutung, niemand schützt die Natur davor, hätte sie eine Gewerkschaft, die Vorstellung ist gar nicht so unsinnig, überlegen Sie

einmal, wer da aller arbeitet, was da alles wovon abhängig ist, das ist doch Arbeit, bare Überheblichkeit des Menschen, zu meinen, er nur arbeite, das vor ihm, um ihn, Flora, Fauna seien nichts anderes als Rohstoff, Vorräte, nein, es wird sich noch herausstellen, daß vor der Natur der Mensch, ich will Ihnen das aufzeichnen, sehen Sie, da ist das Hochgebirge, da das Mittelgebirge, und Ebenen sind da, aber das Gebirge, sehen Sie, und hier vor dem Gebirge der Mensch – Sie sehen ihn nicht?, ich auch nicht, denn er ist nichtig, ein Nichts, ein Ausbeutungsberechner, auf Schwund seiner selbst angelegt, er wird nie der Summe ansichtig werden –

Und diesem Mann verdanken Sie diesen Turm? Dozent Dr. Gotthold Frese zeichnet Türme auf den Rezeptblock.

Ja, einen Turm, erbaut vierzehnhundertdreiundachtzig, angeblich gegen die Freiheitseuphorie der Bürger.

Und gegen wen gewissermaßen wohnen Sie da drin? Wovor glauben Sie sich schützen zu müssen?

Der „Expreß“ ist trotz seinem Namen ein verhältnismäßig seriöses Organ. Aemilian Karrner gibt die erbetene Auskunft zu seiner Person: Man spielt. Zuerst. Man soll auch spielen. Zuerst. Dann darf man spielen. Dann muß man lernen. Dann darf man spielen, wenn man gelernt hat. Man muß lernen, weil man etwas können soll. Und man kann nur etwas, wenn man es gelernt hat. Man lernt fürs Leben, damit man es sein Leben lang kann. Dazu muß man es bringen, weil man es sonst zu nichts gebracht hat. Ich brachte es nicht über mich, es zu etwas zu bringen. Doch dazu habe ich es gebracht. Der Redakteur schrieb, er danke, hielte aber die Summe für etwas zu kokett, so könne doch die Rechnung nicht stimmen. Aemilian Karrner schrieb zurück: Sie irren; die Summe aus einer menschlichen Existenz, gleichviel welcher, kann nur gering sein; nimmt sie sich anders aus, sozusagen aufgefettet, ist zu vermuten, daß sich einer von sich selbst zu seinen Gunsten hat bestechen lassen. Selbstbestechung ist zwar juristisch straffrei, auf Zeit jedoch leistet sie dem Selbstmord Vorschub, anders gesagt, irgendwann einmal wird Einsicht zur Falltür ins Bodenlose.

Nun hatte ja die Unterhaltung im Speisewagen, die über dem faden Kalbsbraten begonnen worden war, nicht geradewegs an das Tor des Turmes geführt. Sie dauerte vier Fahrstunden und eineinhalb Stehstunden, die Bahnverwaltung ist da so kommunikativ besorgt wie das Land selbst, Leute, die miteinander zu reden kommen, sollen sich nicht so schnell trennen müssen, wie es die Fahrzeiten befürchten lassen – wir stehen schon wieder, hatte das Gegenüber gesagt, Schweizer von Geburt und nur mit Fahrzeiten, aber nicht mit Stehzeiten eines Zuges vertraut, wir stehen schon wieder –
Für Aemilian Karrner war das nicht von Nachteil. Wer weiß, ob er, wäre der Zug pünktlich gewesen, die Marginalie hätte anbringen können, die ihm mutmaßlich das Turmtor geöffnet hatte . . .

Er lebe von einem bißchen Ererbten, gelegentlichen Übersetzungen aus dem Italienischen, von Essays dann und wann für Rundfunkanstalten, in der Hauptsache aber von dem Verzicht auf das, was die Leute meinen, nicht entbehren zu können, ja, seine Freiheit gründe auf einer Art Trivialaskese. Und wenn sich alle so verhielten?, fragte das Gegenüber. Es wäre die einzige Revolution, sagte Aemilian Karrner, die mich zum Fahnenträger werden ließe. Die Ruinen unserer ebenso dummen wie arroganten Wirtschaft wären mir ein größeres Glück als die von Paestum, obschon ohne den geringsten ästhetischen Reiz. Leere Läden links und rechts der Straße, die Mitte entlang tote Kommerzialräte und Kammerfunktionäre aufgeschichtet, Wirtschaftstreibende, die es ausgetrieben haben, dazwischen die Bürger, orientierungslos geworden, weil der Konsumziele verlustig, und dann ziehen die sanften Eroberer ein, Schafhirten mit ihren Herden, bald wird das Gras den Asphalt leisleise durchstochen haben, die Zeit wird ihre Dehnung zurückerhalten, die Tage werden in langem, lange ausschwingendem Rhythmus ihre Abende finden, die Bürger, an die man sich nicht mehr wird erinnern können, werden in die Gräber gestiegen sein .. Da tauschten die beiden ihre Karten, Aemilian Karrner und Ottavio Falerno, Verwalter der österreichischen Güter des Grafen Johannes von Altmannstein, der, in Argentinien Baumwolle anbauend, sich dem Land seiner Geburt einzig via Bankverbindung verbunden zu wissen wünschte.
Also, Sie besuchen mich demnächst?, hatte Ottavio

Falerno fragend die Einladung erneuert und sich im Bahnhof St. Gallen verabschiedet.

Der Mensch ist ein Wesen, das den Tag damit beginnt, seinen Leib zu entleeren und Zähne zu putzen, die Nacht macht Unrat in seinem Leib, und die Mundhöhle reflektiert ihn odorierend, das ist der Mensch in seinem Schlaf, mit seiner täglichen Verwesung in sich, und gesetzt, es liegt ein anderer Mensch neben ihm, in dem ist es das Gleiche, und jeder weiß von jedem, er wird sich entleeren gehen und die Zähne putzen, ich halte mir die Ohren zu und singe ein Lied, und wenn ich dran bin, flehe ich den anderen an, sich auch die Ohren zu verschließen und zu singen .. Miteinander aufwachen, die Arme, Bewegungen der Arme heucheln Gefühle, frohe, sehnsüchtige, man muß aufpassen, daß man die Arme so bewegt, wie sie von den vorgeschützten Gefühlen ungefähr bewegt werden würden, und dazu gehört, daß man den Blick darauf abstimmt, es bedarf einer großen Übung, Blicke auf Gefühle abzustimmen, welche man vorzutäuschen wünscht oder genötigt ist, jawohl genötigt, der intimsoziale Verhaltenskodex schreibt ja Gefühle und deren Ausdrucksritual vor, die Dame hat einen Anspruch darauf und der Herr somit eine Gefühlspflicht, nur auf diese Weise, meint die Dame, stelle das Tageslicht sie nicht bloß.

Seit wann bewohnen Sie diesen Turm?
Seit sieben Jahren.
Und wo haben Sie vorher gewohnt?
In der Stadt, am Stadtrand, bei Bauern. Immer aber in Untermiete.
Und die Gründe dafür?
Das Gefühl, ich sei in einer eigenen Wohnung nicht mehr ich. Inmitten eigener Wände, dachte ich, holt mich die Bürgerlichkeit ein, deckt Bürgerlichkeit mich zu. Was Seßhaftigkeit, Bindung, Dauer betrifft, bin ich ängstlich. Dauer, eine Form der Müdigkeit, Immobilität. Auch wittere ich Abhängigkeiten, ich spüre Fäden sich zum Netz knüpfen, ich sehe den Himmel auf die Maschen des Netzes verteilt, ich sehe das Licht genetzt, der Atem macht das Netz hindurch Geräusche. Deshalb die Untermiete, die Pause in der Fortbewegung, absehbar jeweils und bestimmbar.
Ein Turm soll schützen, das ist sein Zweck, seine Funktion – wovor schützt Aemilian Karrner dieser Turm?
Sagen wir fürs erste vor den überhandnehmenden Freiheiten, kurz, vor den demokratischen Lizenzen: vor der Lizenz, schlechten Geschmack öffentlich vorzuzeigen; der Lizenz, laut und übelriechend örtlich und zeitlich unbegrenzt anwesend zu sein nach Belieben; der Lizenz, zu zerstören, Überliefertes, Satzungen, Courtoisie, Lebensart zu zerstören, sofern man der großen Zahl damit gefällig erscheint. Gut, man mag es elitär, anachronistisch nennen. Die Mode der großen Zahl tadelt so. Warum? Wen schädige ich? Dagegen die ande-

ren – wen und was nicht alles schädigen die? Und unter welchem Titel welcher Qualität?
Ich rate Ihnen, sagte Dr. Gotthold Frese, alles aufzuschreiben, von der ersten Untermiete an bis zu dem Turm und dem Schießen aus dem Turm.
Ein Protokoll oder eine Krankengeschichte oder Protokoll als Krankengeschichte – ich weiß nicht, hatte Aemilian Karrner gesagt, wo da der Fallstrick geknüpft ist, es ist ja nicht so, daß ich mich weigerte, Auskunft zu geben, aber ich habe es nicht in der Hand, wie Sie die Auskünfte interpretieren, mich beunruhigt die Ungewißheit, was von meinen etwaigen Aufzeichnungen Prämisse ist für welche Ihrer Schlüsse; Ihre Phantasie, Herr Dozent, läßt sich von Ihrer Wissenschaft legitimieren, mit dem Netz Ihrer Interpretationsphantasie über dem Leib liefere ich Ihnen Symptome zu, gleichviel, ob ich mich rege oder nicht, ob ich stillhalte oder nicht und wie ich das tue oder unterlasse, ich bin im Feld Ihrer Beobachtungen ausgespannt, Sie nehmen nichts für das, was es ist, hingegen alles für das, wofür es stehen könnte, und nun soll ich schreiben, jedoch das, was ich sagen würde, gilt Ihnen wieder für etwas, das ich verschweige, Sie sind ja geradezu darauf aus, mich reden zu machen, um von dem, was ich rede, auf das schließen zu können, was ich verschweige, Sie sind überzeugt, daß der Mensch nur redet, um zu verschweigen, trotzdem werde ich etwas aufschreiben hin und wieder, natürlich werde ich dabei nicht ehrlich sein, nicht offen, wie all die Strichhuren ihrer Autobiographien vorgeben, behauptete Ehrlichkeit und Offenheit sind ja die Pri-

mitivbasis für die Interpretationsnummern Ihrer Zunft, meine Einfälle, Herr Dozent, gegen Ihre psychiatrische Phantasie, und wir sind quitt . .

Ein Kalkblock, ziemlich genau zweihundert Meter im Geviert, gut dreißig Meter über dem flachen Fluß, Kalkstein, darauf das Schloß, eher einem Haus gleichend, viergeschossig, an jeder Kante, zuoberst, ein Türmchen, steiles Dach, schindelgedeckt, zu einer Luke hinaus die Fahne der Grafen von Altmannstein, grün-schwarz, eine Seltsamkeit, eine Marotte, sagte Ottavio Falerno, grün-rot sei sie einmal gewesen, aber der Urgroßvater des jetzigen Besitzers habe sie geändert, als seine einzige Tochter sich in einem der Türmchen erhängt hatte, sie sehe die Welt sich zerstören, hatte sie als Nachricht auf einem Zettel hinterlassen, und da habe der Graf alle Fahnen zu ändern angeordnet, es müsse Schwarz auf die Fahne als zweite Farbe, sooft sie aufgezogen werde zum Zeichen dafür, daß jemand von der Herrschaft anwesend sei, habe man die Trauer zu sehen, Grün mochte bleiben, seinem Urteil nach, Grün, das sei der Wald, seien die Felder, sei Leben, kein Grün jedoch ohne das Schwarz, habe der Graf befohlen, er wünsche nicht, daß Leben lebe ohne Totengedenken –
Und beiderseits des Kalkstocks, uferseitig und waldseitig, ineinandergeschachtelt knieten die Wirtschaftsgebäude hin, Dach in Dach verschoben, und zu den beiden anderen Seiten, der nördlichen und der südlichen, schlugen die Roggenfelder an den Felsen im Südwind oder fielen unter dem Re-

gen zusammen, denn Nordwind war Regen, Kühle, Kälte –
Und flußab, eine halbe Wegstunde zu Fuß, stand der Turm, Einzelstück der Geschichte, schien es, und längst schon von Geschichte verlassen, zum Baudenkmal verkrustet, er, der einst schützte, jetzt geschützt von der Denkmalbürokratie der Hauptstadt, als erhaltenswürdig geführt in Akten.

Irrtum, Ottavio Falerno, ich bin nicht unterwegs zu einer Idylle, einer Art Genrebild täglicher Existenz, obschon ich mich nicht ungern in Veduten des achtzehnten und des beginnenden neunzehnten Jahrhunderts hineinkopierte, ich weiche nur täglich zurück, klug und überlegt, wie ich glaube, ich ziehe mich auf immer neue Stellungen zurück, von denen ich allerdings weiß, daß sie unhaltbar sind, nein, ich bin nicht feige, ich verhalte mich ähnlich den Militärs, welche Linien zurücknehmen, die zu halten unverhältnismäßig hohe Verluste kostete, ich bin eben immer der Schwächere, Ottavio Falerno, folgte ich meiner Einsicht, meiner Beurteilung der Lage, müßte ich fliehen, aber ich setze mich nur ab, täglich, stündlich, ich decke den geordneten Rückzug auf mich, die Zeit ist absehbar, wann ich bei mir vor ihr kapitulieren werde müssen. Klagte man darüber, versüßte man Trauer zu Nostalgie. Meine Trauer geht in Waffen, nur, was die Chronik das Kriegsglück nennt, ist nicht bei ihnen. Aller Dinge Maß sei der Mensch, derer, die sind, daß sie sind, und derer, die nicht sind, daß sie nicht sind – diese Weisheit, Ottavio Falerno, war schon in den Tagen des Protagoras Postulat, das reinste, das je ausgedacht wurde, wie oft auch immer nachmals zu fragen war, unter welchen Bedingungen die Erde bewohnbar sein könnte. Jetzt sind aller Dinge Maß sie selbst, derer, die sind, daß sie sind, und derer, die nicht sind, daß sie nicht sind: der homo-mensura-Satz ist umzuformulieren in einen res-mensura-Satz, das philosophische Postulat hatte dem diagnostischen Befund zu weichen. Die Dinge, Ottavio Falerno, treiben sich uns Menschen aus –

Wenn Sie sich in dem Turm einrichten wollen, hatte Ottavio Falerno gesagt, mir sollen Sie willkommen sein.

Aufschreiben, ich solle alles aufschreiben, haben Sie gesagt, Herr Dozent, von der ersten Untermiete an, so eine Erzählung aber, oder bescheidener, so eine Aufschreibung, müßte ja beginnen damit, wie ich angekommen bin in der Stadt, am Westbahnhof, und dann hingefahren bin in die Ortliebgasse und in der Ortliebgasse zu dem Hause Nummer vierundvierzig, und in den Halbstock gegangen bin, wo mein Untermieterzimmer war bei Maria Zinngießer, der Oberösterreicherin aus Peuerbach, und wie ich verlegen war, weil man vom Gang gleich in die Küche gekommen ist, und rechts, neben der Eingangstür, war die Tür zum Klosett, und hinter der Küche, genau gegenüber der Eingangstür, war die Tür zu dem Zimmer, das meine Untermiete war, ein Kabinett, sachlich richtig bezeichnet, das Fenster ging auf den Hof hinaus, wo mitten aus dem Steinboden ein Baum war, der Stamm langgezogen bis zum zweiten Stock, eine Linde, wenn ich mich recht erinnere, die Krone streckte ihre Zweige bis an die Fenster, grün, hatte ich gesagt, es gibt da viel Grün, ja, hatte Frau Zinngießer bestätigt, man halte auf viel Grün in diesem Bezirk, der Luft wegen, die immer schlechter werde in größeren Städten, und so habe ich denn gewohnt, immer den Stamm vor Augen, wenn ich zum Fenster hinaussah, das war ein Vorteil, ein Stamm nämlich ist immer ein Stamm, die Jahreszeit ändert nichts an ihm, ich habe schon hinab sehen müssen, zu den abgefallenen Blättern, oder hinauf, zu denen, die aus Knospen herauskamen, lieber aber habe ich geradeaus gesehen, der Stamm war unverändert, etwas Haltbares, die Blätter, die der Herbstwind zu Kreiseln trieb, die Knospen im spitzen Märzlicht, ich mag es mir nicht vorzählen lassen, was in mir dahingeht, und dann haben sie einmal eine Leitung gelegt, Rohre für Gas, Kabel ein halbes Jahr später, die Preßlufthämmer habe ich noch im Ohr, man verändert eben heute mit Preßlufthämmern, habe ich damals angefangen mir zu sagen, sieben Uhr früh, das ist die Stunde der Preßlufthämmer, ich weiß nicht, ob die Arbeiter die Wurzeln gesehen haben, fast bin ich sicher, daß sie sie nicht gesehen haben, denn auf einmal ist ein Mann gekommen vom Stadtgartenamt, da war Pause für die Preßlufthämmer, ich erinnere mich genau, eigentlich war es eine Stille, was mehr ist als eine Pause, später habe ich mir gesagt, daß es eine Befürchtung war, eine

Angst in der Stille, der Lärmlosigkeit, und ein paar Stunden nachher ist die Linde gefallen, das Gartenamt hatte die Wurzeln untersucht, das ist von den Preßlufthämmern, haben die Leute vom Gartenamt gesagt, der Baum ist zum Tod verurteilt, und wenn ein Gartenamt das sagt, dann sieht man tags darauf zu Arbeitsbeginn die Fachkräfte des Gartenamtes, sie schlagen eine tiefe Kerbe in den Stamm und trinken Bier, weil es inzwischen neun Uhr geworden ist, und der Stamm erhält ein Stahlseil rundum, und dann zieht ein Traktor daran – die Hausmeisterin hat gesagt, das hätte nicht sein müssen, und die Parteien sind an den Fenstern gewesen, und schade um den schönen Baum, haben sie gesagt, aber die Männer vom Gartenamt haben nur von den Wurzeln geredet und daß den Leuten vom Gaswerk alles gleich sei, und vor mir, der ich am Fenster war, standen nach dem Fall der Linde plötzlich die räudige Mauer gegenüber, stockfleckig, und zwei Mülltonnen, die bis dahin der Lindenstamm verdeckt hatte. Ob man da nicht ein wenig Polygonum setzen könnte?

Irritation ist Beunruhigung, die den Motivnachweis schuldig bleibt. Die Nervenenden sind verständigt, ehe Wahrnehmung sich einstellt, Reflexion ist noch lange nicht abgerufen. In den Zwischenstücken passiert dann jeweils das, wovon es heißt, daß es nicht hätte passieren dürfen. Selbstmorde kommen gleich nach den Nervenspitzen, die Wahrnehmung vermeint, den neurovegetativen Alarm aufheben zu können, ich sehe, ich höre, Wahrnehmung ist ihrer selbst sicher, und sie spielt ihre Sicherheit gegen die Irritation aus, weiß sich ihr überlegen, mich irritiert, sage ich, aber das ist doch *nur*, sagt die Wahrnehmung, ich versuche, es der Wahrnehmung nachzutun, es ist doch *nur*, sage ich, und hänge an dieses *nur* die Hoffnung, daß die Nervenleitung eine Falschmeldung transportiert hat – Nervenenden sind als Sinnesorgane noch zu wenig entdeckt. Auge und Gehör, sie arrangieren sich, Nervenenden nie, die Punkte äußerster Verletzbarkeit. Verletzbarkeit verstanden als eine Form der Welterfahrung. Ja, Doktor Frese, Verletzbarkeit ist die Voraussetzung, Veränderungen zu erfahren.

Eine Vorstellung setzt sich fest, sagen wir die, daß jenes Haus abgerissen wird, daß ich jene ziegelmehlige Leere vorfinden werde, wenn ich ankomme, in die Einbahn biege. Ich denke nur Leere, ziegelmehlige Leere, mein Denken wird schmal, angstbesetzt, und dann die plumpe Wahrnehmung der Zerstörung, ziegelmehliges Geviert, es hat dir nicht gehört, dieses Haus, aber zwei Jahrhunderte waren in ihm festgemacht gewesen, du siehst, Geschichte fällt aus, Geschichte kann ausfallen, ein ziegelmehliger Boden, soundsoviele Meter rundum sind der Trumpf, der hier und jetzt sticht.

Hier baut, steht geschrieben auf einer Tafel, welche die Landesfarben hat, und auf der Tafel sind die Wohnungen gezählt und die Quadratmeter, und der Bauherr steht darauf und die kommerzielle Zuversicht, die sozial ist und gefördert, die Zerstörung zerstört in Stockwerken und gemeinnützig, der Schrecken war in den Nervenspitzen vorausgemeldet, überhaupt ist dieses ganze Vorausmeldesystem eine einzige riesige Irritation, Denken, Wahrnehmung, Gespür, alles ist miteinander in Kontakt und kurzgeschlossen, Sie halten etwas für denkmöglich, und schon sucht die Wahrnehmung nach Zeichen, zittert suchend das Gespür, man kommt nicht mehr zur Ruhe, täglich, nächtens auch, setzen die Zerstörer Marken, Pflöcke, Täfelchen, Farbtupfen, *was ist denn da schon wieder,* sagt der Schrecken, und er macht einen Krampf in einem, das Auge läuft ängstlich die Landschaft ab, die Straße, denkt das Hirn und probiert die gespeicherten Möglichkeiten aus, welche Gärten da im Wege, welche Häuser in die Zerstörung gerieten, die Biegungen überprüft man, eine Straße darf ja keine Erwartung, keine Überraschung haben, *Begradigung,* die *Gerade,* das Amt hat da seinen eisigen Erfolgsstolz, Bäume stürzen, die Felder fallen hinab, der Bacherbauer geht und erhängt sich, sehen Sie, Doktor Frese, und wochenlang waren da nur die Pfähle, die Täfelchen, die Farbtupfen, seit ich sie das erste Mal zufällig bemerkt hatte, bin ich einfach nicht mehr imstande, hinauszugehen, spazierenzugehen, das Land ist doch voll von diesen Marken, vor jedem Gang überlege ich lange, wie ich zwischen Pflöcken und Tupfen durchschlüpfen könnte, der Krampf, den der Schrecken in mir macht, der harte Knoten, der die Nerven anspannt, so kann man ja nicht über die Felder gehen, den Wald entlang, und sitzen, die Dämmerung erwartend, die einmal den Lärm in sich hinein genommen hatte, ich zittere, irgendwo ein Zeichen noch zu sehen, die grellen Marken der Zerstörer widerstehen der Dämmerung, und zur Nacht muß ich trinken, der Verspannung wegen in mir, mit dem ersten lockeren Atemzug stößt mir etwas Trockenes herauf, so, als hätte ich heftig geweint, und vielleicht verläuft etwas wie Weinen in uns, tief unter jenem Bereich, welcher der detaillierten Reflexion zugänglich ist, ja ich glaube, daß wir in unseren Freuden, in unseren Heiterkeiten nur mehr die Erinnerungen früherer Generationen nachvollziehen, hinschreiben auf kompakter Trauer, geronnenem Vorgefühl, unter den Letzten zu sein.

Sie habe es gelesen, es sei alles in der Zeitung gestanden, auch im Radio sei es durchgegeben worden, der Prozeß sei vertagt worden, habe es geheißen, was da wohl dahinterstecke, wo doch alles klar sei, sie hätte auch geschossen, wenn sie ein Mann wäre, nur gut, daß nichts dabei herauskommen werde, gar nichts, vertagt hin, vertagt her, der Herr Doktor werde alles vorfinden, wie er es verlassen habe, nichts, rein gar nichts habe sie verrückt, bloß abgestaubt einmal die Woche, das müsse man, mit der neuen Straße drunten sei mehr Staub, sonst sei aber alles so, wie es war, wenn der Herr Doktor jetzt hinaufgehen wolle –
Die Anna, Anna Schoiberer, achtundsechzig, seit ihrem sechzehnten Lebensjahr bei den Grafen Altmannstein in Diensten, es sei, wie es sei, sagte sie gern, anderswo sei es anders, das sei natürlich,

freilich habe sie da und dort hingesehen, verglichen, die Weberei beispielsweise, sicher wäre dort mehr Geld gewesen, sie arbeiteten ja alle im Akkord, mehr Geld, ja, und Urlaub, schön, dort sei alles geregelt, hier aber mehr Ordnung, in der Weberei sei sie erst nach Arbeitsschluß ihr eigener Herr, beim Grafen jedoch den ganzen Tag, man müsse es sich einteilen können, die Arbeit, die Zeit, eine Einteilung sei die halbe Arbeit –

Anna Schoiberer redete gern, gern viel, sie haßte jede Veränderung, in der Bewegung witterte sie deren Degeneration zur Unrast, wenn ich einmal nicht mehr bin, sagte sie oft, und damit schien offensichtlich zugestanden, daß die Welt dann ihren Unverstand in Veränderung und Lärm und Baumaschinen und all den anderen freigeistigen Gottlosigkeiten dreingeben mochte.

Aemilian Karrner ging in dem Zimmer um, in dem er arbeitete, ging zum Schreibtisch, setzte sich in den Sessel, sah zum Fenster hin, der Rahmen hielt einen grauen Tag fest, Nebel, der auseinanderfloß und wieder gerann sozusagen, die Post, Briefe, Karten, war auf dem Schreibtisch geschichtet, Aemilian Karrner blätterte sie ab, las die Namen der Absender, stellte langsam die geschichtete Ordnung wieder her, ging an das Fenster, das Sims in Brusthöhe, er legte die Arme auf, sah hinunter, auf die Straße, sie war breiter jetzt, noch nicht asphaltiert, daher der Staub, mehr Staub auch heroben, die breitere Straße, man konnte sie vom Turmfenster aus ein Stück in den Wald hinein verfolgen, Steine, Schutt den Abhang hinab, drei

Fichten standen schräg, ihre Wurzeln waren vermutlich von den Gesteinsbrocken verletzt, die Wipfel lehnten an Wipfeln unbeschädigter Bäume, jetzt fuhr ein Lastwagen in das Waldstück ein, er hatte eine Schubraupe geladen, das geht also weiter, sagte Aemilian Karrner, ich werde ein wenig anders da zum Fenster hinaussehen müssen, und er versuchte, wie er hinaussehen müsse, um jenes Straßenstück der Wahrnehmung zu entziehen.

Den einen Brief, den er obenauf gelegt hatte, öffnete Aemilian Karrner am Abend doch. Er war von Claire. Mein Freund, schrieb sie, diese eiligen Zeilen sollen Ihren Turm erreichen, ein Willkommen und Ihnen zur Freude, so mein Gedenken Ihnen wert ist. Es hat mich überaus amüsiert, *Betrachter* als Ihren Beruf in der Zeitung zu lesen, tatsächlich aber haben Sie damit pointiert, wie es um unsere Macht bestellt ist in einer Zeit und in einer Welt, die Zerstören und Zerstörung verwalten. Bemerken Sie übrigens, wie ich Ihre Ausdrucksweise assimiliere? Ein Indiz für sublime Verbundenheit. Ob zu sublime, darüber möge Ihre Sehnsucht urteilen.

Claire

Nicht hinunterschauen auf die hineingehauene Straße, nicht hinunterschauen, ausweichen, wegsehen, Umwege nehmen, Nebenstraßen, Morgengrauen, Finsternis, nur darin sich bewegen, auf den Straßen, die in die Breite gehen, im Sonnenlicht, da wird unsereiner gerammt, lieber Ottavio

Falerno, paradox das, ich gebe es zu, aber wer Kultur hat heutzutage und dem Auslieferungsbegehren der Funktionäre standhalten will, an welche die Menge ihre Brutalität, ihre zukunftsgesichtige Brutalität delegiert, muß Fluchtinstinkte verfeinern, Fluchtwege eintragen in die Karte, nach der er sich morgen bewegen soll. Sich eng und leise machen, vielleicht ist da die Chance, was wir noch vor dem Tode haben, Leben zu nennen. Ich denke mir einen *Tag der Luft* aus, Ottavio Falerno, einen Tag der Luft ähnlich dem *Tag des Baumes,* die Gleichsetzung, die Heuchelei stimmt, die Forstverwaltungen, sie vernichten die Wälder, vernichten, sage ich, und am Tag des Baumes, Plakate lassen sie drucken, darauf zu lesen steht, wann der Tag des Baumes ist, der Präsident macht einen Spaziergang vor aller Augen, die Bäume, sagt er in seiner Ansprache, der Wald, und er sagt sinnig, wie viele Wälder das Land habe, so viele Lungen habe es, und die Forstdirektion weist darauf hin, daß der Exportanteil, weil Schnittholz in Italien, trotzdem aber der Erholungswert zerstörter Wälder, wissen Sie, Ottavio Falerno, genauso stelle ich mir den *Tag der Luft* vor, man verteilt an die Bevölkerung Flaschen, die Luft aus Alaska enthalten, der Luftimport wird zu dieser Zeit die Handelsbilanz ganz schön belasten, und der Präsident wird den Erholungswert der Luft, aber das kennt man vom Tag des Baumes, in der Zerstörung ist die Rede vom Nutzen dessen, was zerstört ist, und eine Randveranstaltung am Tag der Luft wird es sein, daß jeder mit einem Tontopf auf dem Marktplatz erscheint, einem Tontopf mit Gras, laut Gesetz hat jeder Wohnungsinhaber drei Tontöpfe mit Gras zu unterhalten, diese Grastöpfe werden nun von Mann zu Mann weitergegeben, eine unendliche Kette aus Bewohnern entlang, an deren Ende Beamte des Dezernates für Gartengestaltung die Töpfe plazieren, Topf an Topf reihen sie, entzückt darüber, daß das Gras die Ränder verdeckt, eine Wiese, sagen, jubeln sie, eine Wiese wie in alten Zeiten, und inzwischen hat sich der Präsident zu den Tausenden Töpfen begeben, und grün, sagt er in seiner Ansprache, das Grün, und die es nicht sehen können, und das sind alle, die nicht zur Umgebung des Präsidenten gehören, sehen es über den Bildschirm, die Stadtverwaltung hat alles getan, den Bürgern mittels Bildschirm die Teilnahme am Wiesenblick zu ermöglichen, eine Wiese, sagen alle, so hat eine Wiese ausgesehen, und jetzt hören Sie ein Lied aus jenen vergangenen Tagen, da es Wiesen gab, sagt der Sprecher inmitten der Grastöpfe, und danach sagt ein Mann, wie unsozial es gewesen sei, man habe Wiesen erhalten für einige wenige, die über Gras gegangen seien an bestimmten, damals Sonntag genannten Tagen, heute habe eben jeder sein Gras im Fenster, inzwischen haben sie überall die Flaschen aufgemacht, die Masken abgenommen, man muß nämlich wissen, daß die Leute Masken tragen, der Luft wegen, die von hier, nicht aus Alaska ist, eine gefällige Sache außerdem, diese Masken, im Frühjahr und im Herbst berichtet man ausführlich, wie die modebewußte Dame den Atmungsschlauch

trägt – die Leute haben also die Masken abgenommen, die Flaschen geöffnet, die Luft aus Alaska – jaja, sagt eine neunzigjährige Frau, so, fast so war es einmal, und weint.
Lieber Herr Karrner, sagte Ottavio Falerno, wäre nur die Zukunft so ein Feuilleton.

Aufschreiben, sagte Dozent Dr. Gotthold Frese, ich kann es Ihnen nur immer wieder empfehlen, Sie werden sich selber auf die Spur kommen, schreiben kann ein Verfahren sein, sich seines Verhaltens bewußt zu werden und es damit zu erledigen, schreiben ist zuweilen ein mildes intellektuelles Purgans, Sie führen etwas ab, laden Wirklichkeit Wörtern auf, und die wehren sich nicht dagegen, und wenn Sie es klug anstellen, haben in diesen Wörtern Sie und die Sprache eine Chance –
Der Wirklichkeit wird man nur betrachtend einigermaßen habhaft, Herr Frese, die Wirklichkeit ist scheu, was sie dem verbalen Zugriff überläßt, können Sie wieder wegwerfen, es nähme Ihnen im Gedächtnis lediglich Platz weg, man muß sein ganzes Sensorium zu hochempfindlicher Stille verweben, in der schlägt sie sich nieder, macht sie einen Abdruck, ein Bild ihrer selbst, aufschreiben, Herr Frese, Wörter ausstreuen, Sätze zu Figuren biegen . . Ich gebe zu, daß Schreiben seine Annehmlichkeiten hat, Denken macht sich darin Bewegung, wahrscheinlich ist das sein einziger Zweck, wahrscheinlich ist schreibend zu denken besser als denkend zu denken sozusagen, das Schreiben hat mit dem Denken zu tun, Herr Frese, nichts aber

mit der Wirklichkeit. Und wenn Sie sagen, daß Schreiben eine Hilfe sei – ja, sicher, aber in der Hauptsache eben deshalb, weil es mit jener Wirklichkeit, über die es, Ihrer Auffassung nach, einen orientieren soll, nichts, aber schon gar nichts zu tun hat. Schreibend mache ich mir doch Gegenstände, das Schreiben treibt doch die Dinge hervor, von denen es dann aussieht, als seien sie vorher schon so gewesen, das Schreiben reproduziert ja nicht, es produziert Wirklichkeiten, schriebe ich, Sie könnten bei Gericht damit weder *für* mich noch *gegen* mich argumentieren, und auch in der Krankengeschichte müßten Sie anmerken, Patient verfertigt Wirklichkeiten gegen die Wirklichkeit. Sie wollen mit den Tricks Ihrer Branche herausfinden, weshalb ich geschossen habe, Sie werden dafür vom Gericht bezahlt, daß Sie *gutächtlich* eine Analyse meiner psychischen Verfassung zur Zeit der Tat formulieren, Sie sind rührend bemüht, Herr Dozent Frese, eine Form von Erregung oder Schwachsinn zu agnoszieren, die dem Resozialisierungsphantasma unserer Gesellschaft schmeichelt, dergestalt das Gericht den Hut aufsetzen und mich freisprechen kann. Ich bin aber gesund, Herr Dozent, alle Befunde weisen nach, daß ich durch und durch gesund bin, aber sehen Sie doch einmal hin, was da der Arbeit nachgeht, geht der Zerstörung nach, kaum eine Generation ist es her, daß man Zerstörung als Arbeit entdeckt hat, Gräber und Schütter, nur Gräber und Schütter sind unterwegs am Morgen, eine glitzernde Flut zu den Städten hinein, um zu graben, und eine Flut hinein, um zu schütten, zuzuschütten, was die einen gegraben den Tag zuvor, und auch die, welche hinaufbauen, schütten zu, Geschichte, Gedächtnis, Gräber und Schütter, das sind die *Arbeitsplätze,* und die sind *bedroht,* wenn von Geschichte, und sind *gesichert,* wenn von Zerstörung die Rede ist . .

Aemilian Karrner hatte es nach langer Einübung gelernt, das Ende seines Schlafes auf das der Dunkelheit abzustimmen. Mit Ende der Dunkelheit, sagte er, hebe der Tag an, und er sagte, daß er das absichtlich so sage, weil dieses grauhelle Heraufkommen des Lichtes ihn die Bezeichnung dafür unter Jahrhunderten wählen lasse, der Tagrand sei visuell geschichtlich beliebig besetzbar, er für sein Teil verzichte durchaus nicht auf Eos beispielsweise, ihr rosenfingriges Sich-Vortasten sei überprüfbare Wirklichkeit, nur die Stille, die werktäglich zur gleichen Stunde ein Moped perforiere, ja, perforiere, er könne leicht seinen Stille-Rest abbrechen, abreißen, hinter zweifach verschlossenen Fenstern sich aufbewahren, indes mit dem anderen Teil in wirren Lärmlinien Wirtschaft getrieben werde – für diese Stille in schwindendem Grau, für ihr Ende an der perforierten Lärmlinie habe er kein Bild, diese Stille komme in der antiken Literatur nicht vor, nicht bei Theokrit, nicht bei Vergil, auch die Barocklyrik kenne nichts dergleichen, gewisse Dinge seien eben einzig unser Teil und das unserer Zeit, fast alle hätten es mit Lärm zu tun, wir betrieben lärmende Erfindungen, daß ich mir meine Stille an der Perforationslinie abbreche, sagte Aemilian Karrner zu Dozent Dr. Gotthold Frese, ist doch beinahe eine asoziale Handlung, bedenkt man, wie ein jeder seine Stille, die ihm als Menschen sozusagen mitgeboren ist, in Lärm zu verstecken sich bemüht, in welchem lärmend die Industrie ihm das Glück weissagt. Da schließe ich die Fenster, da hat das Licht noch nicht die Kraft, von Bäumen Schatten auf die Felder zu werfen, da schließe ich die Ohren, da schließe ich die Augen, weil sehen, heutige Vorgänge sehen, Lärmvorstellungen macht in mir, da bin ich mit mir bei mir, zur Nacht erst wieder gebe ich meine Sinne frei, die Augen an die Gestirne, die Nase an all die Gerüche, die der Wind nimmt und trägt und vorbeiträgt, das Gehör an den Raum aus Finsternis, der dein Horchen Mulde um Mulde hinweglockt, hinabzieht an den See aus Stille und Schlaf.

Wenn es Ihren und des Grafen Interessen nicht zuwiderläuft, sagte Aemilian Karrner zu Ottavio Falerno, könnte unser halbjährlich kündbarer Mietvertrag in einen unbefristeten umgewandelt werden. Mir wäre es angenehm, meinen Rückzug gedeckt zu wissen.
Schön, sagte Ottavio Falerno, modifizieren wir den Vertrag, mehr als Mäuse innen, Schwalben außen und die Schoiberin unten werden in absehbarer Zeit das Gemäuer nicht bewohnen; mir ist nur nicht ganz klar, was dabei der Vorteil ist für Sie –
Ich kenne die Endstelle.
Sie werden doch hier nicht sterben wollen?

Das sicher nicht; aber nach und nach aufhören zu leben. Sehen Sie, Ottavio: ich habe oft vom Tod geschrieben, in Zeitungen, im Rundfunk, und das war unsauber. Ich habe eine Vokabel gebraucht, ich habe sie als Begriff gesetzt, ohne den Inhalt zu bedenken. Ich habe mit dem Wort Sätze beendet, Artikel abgeschlossen, ich habe mit den Valeurs gespielt, Situationen lyrisch pointiert; mit dem Tod im Vokabular erweist sich der Schriftsteller als endzeitbezogen, was sich immer gut ausnimmt, noch der frivolste Atheist wird den Konfessionen damit bekehrungsverdächtig. Der Tod ist, wie man weiß, keine Erfahrung, sondern ein ärztlicher Befund, der eine Rechtslage schafft: man darf einen Menschen vergraben oder verbrennen. Der Arzt stellt fest, daß der Tod *eingetreten* sei – die Medizin denkt offenbar noch in Bildern eines Legendenspiels. Man sollte alle Wörter aus dem Gebrauch nehmen, deren Inhalt kein Gegenstand der Erfahrung sein kann. Um aber auf Ihre Frage zurückzukommen, Ottavio Falerno: den Rückzug gedeckt wissen, die Endstelle kennen, die Kreise enger ziehen, sich schmal machen, windschlüpfriger – das ist gewiß Reduktion, Schwund, aber erfahrbar, reflektiert, und damit verdoppelte Erfahrung, jede bleibt gegen jede im Recht, und nur von Verzicht zu Verzicht sind die Trittsteine gelegt . . Ottavio Falerno, es wird aufhören, aber der Tod wird es nicht sein.

Ja, der Dorfwirt, sagte Aemilian Karrner ein paar Tage, nachdem er den Turm bezogen hatte, zu Anna Schoiberer, der Dorfwirt sei noch ein guter Dorfwirt, auch Viehhändler, wie er, Aemilian Karrner, höre, Viehhändler und Wirt, Fleischhauer noch dazu, es stehe doch Gasthaus und Fleischhauerei auf dem Wirtshausschild, da muß der hungrige Mensch Vertrauen haben, undenkbar, daß einer den anderen hineinlege, der Viehhändler den Fleischhauer und beide den Wirt, Sie kennen sich doch aus, Frau Schoiberer, Sie kaufen ja ein beim Dorfwirt, soweit ich es nach den fünf, sechs Mal essen beurteilen kann, sagte Aemilian Karrner, hat der Dorfwirt anständige Ochsen im Topf, und schneiden können die in der Küche das Fleisch, da lasse ich einen herkommen, der soll sich das einmal anschauen, und die Rindsuppe ist eine Rindsuppe, aber abfetten, man müßte es dem Dorfwirt einmal sagen, die Zeiten sind nämlich auch bei uns vorbei, anderswo übrigens hat es das nie gegeben, diese Fettaugen auf der Suppe, Fettaugen auf der Suppe als Empfehlung war immer ein österreichisches Vorurteil, so eine Suppe hat den Löffel hundertäugig anglänzen müssen zum Gruß, aber man soll ruhig über den Fettaugen ein Auge zudrücken, der Dorfwirt ist sicher der beste von seinesgleichen rundum, ich möchte ihm nur demnächst einen Fliegenfänger schenken für die Stube, so einen Leimstreifen, man hängt ihn an die Decke, ob Frau Schoiberer nicht einen besorgen wolle morgen, denn die Fliegen, sicher, die Fleischhauerei und ihre Abfälle, hinten im Hof habe Aemilian Karrner den Abfallhaufen gesehen, links neben dem Pissoir, er stört nicht weiter, der Haufen, man hat ja nur selten Gelegenheit, dorthin zu gehen, denn so lange dauert es wieder nicht, im Dorfwirt ein Menü zu essen, daß man in den Hof hinaus müßte, also nichts gegen den Dorfwirt, Frau Schoiberer, neinnein, nicht das geringste, aber Rindfleisch und Schweinsbraten auf die Woche verteilt, die Woche hat sieben Tage, und sieben dividiert durch Rindfleisch und Schweinsbraten – der Herr Doktor wolle eine Abwechslung, sagte Frau Schoiberer, sie verstehe das, ihr seien auch Krapfen und Rohrnudeln und Knödel lieber als Fleisch tagaus, tagein; wenn der Herr Doktor vorliebnehme.. vielen Dank, Frau Schoiberer, die Sache aber sei eher die, daß er, Aemilian Karrner, selber gern koche, zum Vergnügen, aus Neugier, man weiß nie, was herauskommt, Frau Schoiberer –

Zum Ende des Gespräches in der Küche vereinbarten die beiden, daß Aemilian Karrner ab acht Uhr abends die Küche benützen dürfe, sofern er das Geschirr dann reinige und dabei leise verfahre, Anna Schoiberers Nachtruhe also nicht störe.

Aemilian Karrner kochte dreimal die Woche selbst, dreimal aß er im Dorfwirt, einmal unterwegs, wenn er das Umland durchstreifte. Das machte, auf die Woche gerechnet, gemischte Kost, im Dorfwirt aß er nur das Fleisch, tags darauf bei sich nur Salate und Gemüse, zuweilen Fisch; verwunderlich für dörfliche Beobachter blieb dabei bloß, daß derselbe Mann, der die Erdäpfel, die im Dorfwirt jeweils die Hälfte des Tellers einnahmen, nicht berührte, vom Huberbauer fünfzig Kilo Erdäpfel sich in den Turm liefern ließ. Das sei das einzige, was die Leute bisher beunruhige, sagte Ottavio Falerno über den Gratin Savoyard hinweg zu Aemilian Karrner, diese Erdäpfelgeschichte. Jaja, sagte Aemilian Karrner, doch man muß die Erdäpfel von ihrem deutschen Schicksal befreien, geviertelt sich nackt zu verdampfen. Jeder Gratin ist der Fall so einer Befreiung, zudem hat von den einfacheren Gerichten der Gratin ausdrucksvolle, sympathische Züge, er ist hübsch anzusehen, sein Goldton erheitert das Auge, der Nase zeigt er sich von weitem schon im Hauch von Gruyère an, Zunge und Gaumen überrascht er mit der Zärtlichkeit seiner inneren Fülle, die von der Phantasie gezeugt und von erdenfroher Frömmigkeit geboren wurde – zugegeben, ein biologisch etwas verwegenes Gleichnis. Und noch eins, lieber Freund, sparen Sie zum Gratin keinesfalls am Wein, Erdäpfel, in Gratins verwandelt, haben Anspruch mindestens auf einen jungen Beaujolais, leider kann ich Ihnen heute nur einen Haugsdorfer bieten, herb, nicht gerade gefällig, etwas schieferig hintennach, aber vielleicht nicht unpassend zum Grundstoff Erdapfel, wie?

Aufschreibung im Sinne der therapeutischen Empfehlung Dozent Dr. Gotthold Freses:

Entdeckt man sich über einem Satz, den man selbst geschrieben hat, bei dem Urteil, er sei gut formuliert, stellt sich das Gefühl ein, man werde nie mehr seinesgleichen schreiben können. Entdeckt man sich über einem Satz, den man selbst geschrieben hat, bei dem Urteil, er sei schlecht formuliert, stellt sich die Scham ein, daß man seinesgleichen habe schreiben können. Bleibt als Folge des Urteils die Ungereimtheit, wie man je wieder wird einen Satz geschrieben haben wollen, entdeckt man sich bei einem Satz, den man selbst geschrieben hat.

In der Anfälligkeit für Depressionen erweist sich die Sensibilität des moralischen Organs.

Die moralische Interpretation einer Handlung ist der Schatten, der ihrer pragmatischen Motivierung folgt.

In Moral verspricht die Gesellschaft, was sie sich von Moral verspricht.

Gefälligkeiten sind Zahlungen, die es erlauben, sich selbst schuldig zu bleiben.

Es macht den Moralisten, daß er, überzeugt von der Notwendigkeit der Moral, moralische Sätze in Frage stellt.

Das Wohl des einzelnen ist zu opfern um des Wohles der Allgemeinheit willen, auf daß es dem einzelnen wohl werde: Väter, denen es schlecht geht, um der Söhne willen; Großväter, denen es schlecht geht, um der Enkel willen; und Söhne werden Großväter und Enkel werden Väter, denen es schlecht geht, um der Söhne und der Enkel willen.

Was ohne unser Zutun geschieht und was man trotzdem können muß: Altern und Sterben.

Ich rücke mich in die Bequemlichkeit, welche der Architekt, der Möbeltischler und der Tapezierer vorgesehen haben mittels Abmessung, Holzaufwands, Polsterung, ich rücke mich da hinein, wetzend, die Knie scheuern sofort an der Lehne des Vordersitzes, die Fußspitzen stoßen bereits bei der zweiten vorsichtigen Erkundung des Freiraumes an die Fersen des Vordermanns, pardon, ich ziehe die Füße ein, ziehe sie nach hinten, jetzt sind meine Fersen an den Schuhkappen des Mannes hinter mir, leider habe ich gleichzeitig die Arme beiderseits auf die Lehne gelegt, pardon, links nämlich war schon ein Arm, ich gebe den meinen auf den Oberschenkel, aber warum beansprucht der Mann links die ganze Stütze, frage ich mich und richte ein bißchen Netzhautrand gegen ihn, einen fetten Menschen, ich nehme den Arm wieder von meinem Schenkel, ein wenig Sitzlehne, sage ich mir, steht mir zu, ich taste mit dem Arm langsam, vorsichtig die Lehnenrundung hinan, dieser Mensch jedoch heharrt auf seinem Armplatz, ich spüre den Widerstand, ich möchte diesen Besitzerarm wegrempeln, es bleibt aber beim Affektkorrelat des Entschlusses, bei der handlungslosen Aggression, ich rufe meine Erwartungsvorstellung von dem Konzert zum Beistand, die Erinnerung, daß ich während der Fahrt zum Festspielhaus einige Vorfreude zusammengebracht hatte, ich war dabei nicht ohne Hilfskonstruktion ausgekommen, der Vorfreude jetzt hatte erinnerte Vorfreude helfen müssen, ich war zur Vorfreude entschlossen, sie war Gegenstand meiner Bemühung während der Anfahrt, damals, hatte ich mir gedacht und sehr weit zurückgegriffen, und dabei hatte ich mir gesagt, was das für eine komplizierte Anstrengung ist, sich Vorfreude zu machen, weil in die Anfahrt sich ja Animositäten, Affektstöße, Erschrecken, Tropfen von Ekel mischen, so eine Anfahrt zum Festspielhaus ist eine einzige mobile Abwehrstellung, Wirtschaft, denke ich, man bringt lauter Wirtschaft ins Konzert, ich habe sie vor dem Kühler, ich sehe sie im Rückspiegel, die Polizisten verteilen sie auf fünf, sechs Eingänge, ich fahre weiter, ich will mich nicht hineinverteilen lassen, aber Kultur ist da mit Polizisten markiert, die Polizei hat weiße Handschuhe und Kulturauftrag, ich will überhaupt nicht mehr, ich halte, ich stelle den Motor ab, glitzernd machen Damen fließende Farben den Gehsteig entlang, eckige Präsentation, schwarz, die Herren, hier können Sie nicht stehenbleiben, sagt ein Polizist zum Wagenfenster herein, fahren Sie ein Stück nach hinten, dort ist noch frei .. Deshalb also kämpft mein linker Arm um Millimeteranteile auf der Lehne, ich beginne zu hoffen, mich zu entspannen, es wird ja ein schönes Konzert werden, Mozart, Klavierkonzert KV 488, ich versuche ein wenig Vorfreude herbeizuholen, es kann natürlich nicht so werden, schränke ich ein, wie damals, als Claire neben mir saß, das heißt, sie hatte den übernächsten Platz in der Reihe, neben mir saß ihr Vater, ein alter Herr, die Jahre hatten ihm bereits die

Haut strenger über die Jochbogen gespannt, in den Wangen war kein Widerstand mehr gegen die Hautverspannung, der Kopf schien in der Erwartung festgehalten, der Blick war in die Erwartung gezogen, das Auge war wie auf den Knochenrand hingelegt, Dirigent und Solist gingen aus der Kulisse, spitze Lackschuhe gehen da, sagte ich mir, so ein Gehen in Lackschuhen, denke ich und vergesse, wer da so geht, Begrüßungsapplaus von viertausend Händen, ein ungegliedertes Geräusch, vor das jetzt der alte Herr die langsamen Schläge seiner gichtigen Hände setzt, Werkzeuge, denke ich, diese Hände, diese schweren Arme, Arme, in denen das Alter Bewegungslosigkeit abgelagert hat – da trennt der Dirigent von dem Lärm die Stille ab, die er jetzt braucht, und als der das tut, indem er die Grenze zieht mit einem heftigen Strich, kippt der Oberkörper des alten Herrn nach, seine rechte Hand, ja, als suchte sie der Töne habhaft zu werden, sie zittert, zuckt, ich wende mich nach rechts, ich habe meinen fetten Nachbarn vergessen, es ist mir völlig gleichgültig, ob mein Arm auf der Lehne liegt oder auf meinem Oberschenkel, dieses Zukken, Greifen, diese Hand des alten Herrn, wenn die sich vielleicht das ganze KV 488 hindurch hinter den Tönen her bewegt, sie gichtig nachphrasiert – hinter dem Rücken des Vaters trifft mein Blick auf den der Tochter, ich lächle, ich bemühe mich zu lächeln, ich habe ein schlechtes Gewissen, der alte Herr, sage ich mir, was weiß ich schon, wieviel hat veranstaltet werden müssen, den Herrn, ich schätze ihn auf nahe achtzig, *einmal*

möchte ich das noch erleben, hätte der Herr gesagt haben können, und *das müssen wir ihm schon tun,* wird die Tochter gesagt haben, dieses *einmal noch* setzt die Jüngeren verläßlich in Bewegung, impliziert es doch das Versprechen, daß es das letzte Mal sei. Punktuell ist Humanität ja mobilisierbar. Während ich so meine Verstörung über Körperkippen und Händezucken entstöre und die Entstörung in Verständnislächeln zu transponieren mich bemühe, legt die Tochter mit ihrer linken Hand die unstete rechte des Vaters auf die Armlehne und legt der Vater seine ruhige linke auf die Hand der Tochter. Ich sehe die Dame an, die Dame sieht mich an, ich schäme mich.
Das schrieb ich in der Pause auf eine Visitenkarte. Ich schrieb: Ihre Geduld hat einen Ungeduldigen beschämt. Nach dem Konzert, vor der Garderobe, war die Gelegenheit: Gnädige Frau, wollen Sie gütig meinen Dank empfangen. Die Dame nahm die Karte an.

Im Leisen, im leisen Geräusch, im Rascheln, Schleifen, Tasten, im Wehenden, ist der Zwist, der Unfriede ausgesät: mit einer Zeitung am Schlafrand entlang knistern; in einer offenen Lade suchen, als scharrte man die Dinge hervor; sie wieder zusammendrücken, zusammenstopfen, die Enttäuschung, nicht gefunden zu haben, was man suchte, wird als Achtlosigkeit hörbar; durch eine offenstehende Tür das Eigengeräusch des Nebenraumes in das Zimmer, in welchem man sitzt, hereinverlängern; Kastentüren öffnen, schließen, öffnen,

schließen, Kleiderbügel verschieben, das Ächzen aus Angeln und Holz; vorsätzlich leise gehen, Rücksichtnahme in Fußspitzen, und zurückgehen, leise und vorsätzlich aus dem Zimmer in das Zimmer und aus dem Zimmer und wehen dabei, nachziehen, nachschleifen, einen Rock in sachtes Vorbeiziehen verwandeln, alles so, als wäre man nicht da, sich vorbeidrücken am Wahrgenommenwerden, noch das Schweigen hinunterschlucken und Verstummtsein darauflegen, Schattenspiel werden –
in all dem ist der Zwist ausgesät, ist der Vorwurf zwischengesät, hat das Aufbegehren seinen Keim, das Leise zieht das Gehör verläßlicher ab und hin auf das Leise, das Warten spannt sich hin, die Erwartung, daß es aufhöre, dieses Schleifen und Wehen und Rascheln und Knistern, man wartet, daß diese Rücksicht aufhöre, die einem als Vorwurf zufällt, auf einen hinauffällt, das Leise der Rücksichtnahme stockt im anderen zum Vorwurf, man malt sich aus, wie es wäre, wenn der nicht wäre, der andere, und wie es wäre, wenn man selbst nicht wäre, und was man sich da ausmalt, wie durch Röhren steigt in den Konditionalsätzen Haß in einem herauf, und plötzlich schreie, brülle, stampfe ich und zerschlage Gläser und Spiegel.

Der Bürgermeister sagte, es werde im Dorf ein Zentrum gebaut werden, der Pöllerhof in der Mitte des Dorfes sei rechtzeitig abgebrannt, man habe also endlich Platz für ein Zentrum, die Bevölkerung habe ein Anrecht darauf; es könne sich dabei natürlich nur um ein kleines Zentrum handeln in so einem kleinen Dorf, aber man wolle sich nicht übernehmen, der Bürgermeister habe in den Nachbargemeinden studieren können, wo sie alle ein Hallenbad haben und ein Zentrum, wie leicht das eine Gemeinde in Schulden treibt, außerdem habe der Lehrer, sagte der Bürgermeister, gesagt, man solle das Zentrum mit C schreiben, das koste nichts, und man sei damit nicht ganz hinten, ein Zentrum mit C, ja, das habe Zukunft, du hast recht, sagte der Lehrer zum Bürgermeister, aber mit dem C ist es nicht getan, Zentrum mit C geht nicht, es muß center heißen, das ist amerikanisch, das Zentrum mit Z, das mußt du auf Wegweiser schreiben, Zentrum, weiß auf grün, damit die Leute nicht wieder zum Dorf hinausfahren und nicht wissen, wo es war, daß sie drin waren, aber Center, das Zentrum mit C auf amerikanisch, nur sag einmal, Bürgermeister, was soll denn das für ein Center werden, ein Kulturcenter oder ein Freizeitcenter oder was sonst, das muß man schon vorher überlegen, die Mattersdorfer waren da viel zu langsam, das Center war fertig, als die noch mitten im Nachdenken waren, freilich, jetzt denken sie im Center, vorher haben sie es im Wirtshaus getan, ich meine, sagte der Bürgermeister, man sollte sich da nicht so festlegen, ich stelle mir vor, man läßt auf dem Schild, was wir übern Eingang machen, unter dem Wort Center mit C einen Platz frei, der genauso groß ist, und dorthin, vielleicht schiebt man's in einen oberen und einen unteren Falz hinein, dorthin kommt dann, was es für ein Center ist, es muß ja nicht alle Tage dasselbe Center sein, wir hätten ja gar nicht die Leute dafür im Dorf, wenn es immer dasselbe Center wäre, so denk ich mir eben, einmal ist es ein Freizeitcenter, wenn es regnet vielleicht, einmal ein Parteicenter, wenn der Sekretär kommt oder ein Abgeordneter, einmal kann es auch ein Andachtscenter sein, jaja, sicher, ein Andachtscenter, den Pfarrer kannst du da nicht übergehen; Blödsinn, sagte der Lehrer, Andachtscenter, bei der alten Kirche, die wir haben, die Fremden kommen eigentlich doch nur wegen der Kirche ins Dorf; was sich ändern wird, sagte der Bürgermeister, da könne der Lehrer Gift darauf nehmen . .

Es ist nämlich so, daß sich die Wahrnehmbarkeit der Veränderungen an der Natur verringert, vor dem Fenster der Essigbaum ist ein unsensibler Indikator, es wird wärmer, er treibt aus, kann die Blätter nicht zurückhalten, den Genossenschaftsbeton hinter sich, die föhnige Sonne vor sich, er treibt, macht Blätter in der Ecke der Kurzparkzone, niemand sieht sie, der Bürostunden wegen, abends, halb sechs, früher Frühling oder später Herbst, Neonlicht bleicht die Dämmerung aus, Einkauf gegenüber, Milch, Brot, Linsen, ein Viertel Butter, drei Semmeln – der Essigbaum ändert und ändert die Schattenflecken in stoßendem Abendwind, der Wind, sagen die Leute, es wird schlecht, das Wochenende ist sicher wieder hin – Unbeschädigte, unverstellte Natur, Ottavio Falerno, ich möchte sie vor Augen haben, ich mache mit weggestreckten Daumen und zwei Fingern manchmal ein Viereck, einen Fingerrahmen, und den führe ich die Landschaft entlang, so erhalte ich unbeschädigte Natur geradezu in den Griff da und dort, in diesem Fingerrahmen wird sie mir greifbar, das andere, das aus dem Rahmen draußen, dieser Baufortschritt rundum auf Betonfüßen, er ist weg, und auf dem Vierecksinhalt ruhe ich aus, atme ich mich zurück gewissermaßen, so kann es gewesen sein, sage ich mir, ja, so war es vor tausend, zweitausend Jahren, und darum, Ottavio, hat das nichts mit Ästhetik zu tun, diese Sehnsucht nach dem Unbeschädigten, es ist Erinnerung, was diese Sehnsucht so ausgreifend macht, uralte stammesgeschichtliche Erinnerung, die Welt war fertig, als unseresgleichen in sie eintraten mit dem tückischen Auftrag, sie sich untertan zu machen. Adam als Kolonialmacht in einer Person. Deshalb hat alle Kultur eine brutale Physiognomie, ist Kultur allemal Naturverwertung, Kahlschlag. *Und wurde gerodet und urbar gemacht,* heißt es im Legendenton, und ein zugewanderten irischer Mönch setzt auf Wald- und Sumpfverwertung das Kreuz.

Claire – in die fließende Feder wäre beinahe eingeflossen *meine liebe Claire,* aber das wäre eine Briefanrede, wie ich sie nicht mag wegen des Possesivpronomens und jenes Adjektivs, das Kinder bezeichnet und Harmlosigkeit und junge Hunde – also Claire: von Ihrem Brief profitiert fürs erste jene Zeitung, auf die Sie sich berufen, ich habe sie nämlich ab sofort aus Dankbarkeit abonniert. Meine Dankbarkeit Ihnen gegenüber ist weniger einfach zu erweisen: die sublime Verbundenheit, von der zu reden Sie die Frivolität haben, war doch höchstens der Rest, auf den Sie mich gesetzt hatten seit Ihrer Heirat. Es hat demnach nicht die Sehnsucht, sondern die Erfahrung zu urteilen.

Aemilian

Kriege, Ottavio Falerno, die Vorstellung, daß es Kriege geben wird, sie sind ein Trost, Totentrost, Tote trösten ja damit, daß etwas vorbei, dahin, daß Gegenwart gewesen ist, er hat es überstanden, sagen die Leute, er hat ausgelitten, und weil Kriege Tod und Tote machen, machen sie Totentrost, dieses Überstandenhaben, dieses Ausgelittenhaben, begreifen Sie, Ottavio Falerno, daß einzig das meine Hoffnung ist, daß einzig so dieses zeitspezifische Paradox einer Zerstörung als Aufbau, einer Vernichtung als Fresserglück und Überfresserbefriedigung zerstört werden kann. Ich fahre in der Landschaft, die Häuser, gehäufte Mengen in den Senken, da und dort aus geschundenen Wäldern mit Fenstern in der Sonne spiegelnd, und ich sehe darauf Gewimmel zulaufen, Gewimmel hineinkriechen und Zeichen machen und fromme Augen vor Kränen, die Zukunft hinaufziehen und Zukunft einfüllen in Säcke und Fässer, darüber sie, abgewinkelt, gebrochene Kreuze, den Friedhof ausbreiten über den Abendhimmel, paradox also auch sie, und das wird aufgeschrieben, und daran sitzen Rechner, und sie halten ein Zifferblatt unter den Schatten, den der Kran wirft, es ist Zeit, sagen sie dann, es ist Zeit, daß .. sagen sie, und sie sagen, daß Maßnahmen ergriffen werden müßten, weil sonst, und sie sagen, aber die Uhren sind die Kräne, Ottavio Falerno, das ja ist es, daß Kräne die Sonnenuhr beerbten .. Das ist keine Zeit mehr, das ist bloß eine Ausdehnung, in der sie Teile machen wie Kerben im Stecken, sie sagen noch immer Morgen und Mittag und Nacht, je nach weniger Licht oder viel Licht oder gar keinem Licht, sie sagen Jugend und Alter, aber das ist die Verwendung oder Nichtverwendung im Produktionsprozeß, sie sagen Frist, sie zählen nach Fristen, Abgabefrist, Fristverlängerung, Fristversäumnis, sie befristen und sagen unbefristet, aber das ist keine Zeit, das ist verwaltete Ungeduld, und Ungeduld ist Widerspruch zur Zeit, und Zeit – ja, Ottavio Falerno, Sein und Zeit hat ein Gelehrter ein Buch überschrieben, Sein und Zeit, undenkbar, daß er es genannt hätte Sein und Frist, schon so ein Buchtitel macht die Gegenprobe gewissermaßen zu dem, was man heute Zeit nennt, die man hat oder nicht hat oder sich nimmt und die immer Frist ist, bis dann und dann, heißt diese Zeit, dieses fürchterliche *bis* .. an dem entscheidet *ob* .. Angst setzt sich an, Unrast, überrege Wachheit bohrt den Schlaf auf, die Frist, die Woche, die drei Tage noch, denkst du, und Versäumnisse machen in die schlaflose Helligkeit Schatten, und in Frist und Versäumnisse schlägt atemlos das Herz, weil es die Zeit, sein Unendliches, verlor ..

Aufschreibung im Sinne der therapeutischen Empfehlung Dozent Dr. Gotthold Freses:

Die langhändige Dämmerung, der ein Blitz auf die Finger schlägt

Splitter, zeitverstreut, um die sich ein Gedächtnis bückt

Es ist mir sehr recht, sagte der Priester, wenn Sie es am Grab kurz machen, ich muß nämlich gleich danach zu einer Hochzeit

Alles braucht seine Zeit – und verbraucht meine Zeit

Reifen heißt sehen, daß der Tod zunimmt

Die Singzikaden rollen Nacht vor sich her

Der Wind macht Bäumen eine zustimmende Bewegung

Wer seine Physiognomie oft und aufmerksam in verschieden beleuchteten Spiegeln betrachtet, weiß, wie entscheidend es ist, in welchem Lichte eine Sache erscheint.

Mein Herr, vor etwas mehr als einem Jahr hatten Sie mir gedankt dafür, daß ich Sie zu Geduld brachte, Sie, der Sie sich irritiert fühlten von meines Vaters Art, an den Bewegungen des Dirigenten mit Bewegungen teilzunehmen. Es ist nun an mir, Ihnen zu danken, daß Sie dem alten Herrn die sicher störende Eigenheit konzedierten: es war das letzte Konzert, das zu besuchen ihm gegeben war. Vergangene Woche haben wir ihn – aber ich sage es lieber, wie Erzähler, Boten es in alten Stükken sagen: mein Vater ist tot. Würden die Leute bedenken, wie oft und wie leicht ihr Verhalten in letzte Zeiten und in das Sterben reicht –

Claire

Und wie ging die Geschichte weiter?, fragte Dozent Dr. Gotthold Frese, Sie waren doch im September danach mit der Dame in Mandelieu?

Ich bin für die Umfahrung, sagte der Bürgermeister, denn, und das müsse er einmal in aller Klarheit sagen, ein Ort ohne Umfahrung sei heutzutage kein Ort, erst die Umfahrung weise ihn als solchen aus, als einen Ort mit einem historischen Kern, erst die Umfahrung zeige dem Fremden an, daß er in den Ort zu Fuß gelangen kann, historische Kerne, sagte der Bürgermeister, sind, wo Fußgänger sind und ein paar Pferdewagen und eben an der Umfahrung erkennbar, auch sei das Photographieren im Kern überall gestattet, in der Besinnung auf die Vergangenheit werde Bier ausgeschenkt in Trachten aus dem Dreißigjährigen Krieg, die Statistik, überall wo die Fußgänger in Zonen eingeteilt würden, gebe ihm recht, aber ohne Umfahrung gehen die Leute nicht hinein, international gesehen, denn dort gibt es schon Umfahrungen, auf denen keiner weiß, was er umfährt, aber die Leute fahren gern so, weil nur so sie noch fahren können, ein Glück nur, daß auch die umfahrenste Umfahrung irgendwo am Wasser endet, weshalb auch dort die Steigerungsraten sind, man müsse einsehen, daß es *das größte Anliegen* sein müsse für den Staat, *Arbeitsplätze* zu schaffen, denn nur Arbeitsplätze schaffen Urlauber, die auf den Umfahrungen sind in der größten Hitze und die Steigerungsraten machen am Ende, dann, wo es aus ist – klar also, sagte der Bürgermeister, daß dem Fußgänger die Zukunft gehört wegen des historischen Kerns, und so fordere er mit Recht, daß sich diesem Fußgänger, dem Fußgänger der Zukunft, schon heute *die öffentliche Hand* entgegenstreckt, weil die private da viel zu schwach ist, die Getränkesteuer beispielsweise ist im vorigen Jahr stark zurückgegangen, weil man für das Kulturzentrum den halben Gastgarten gebraucht hat, das habe das Zentrum gar nicht aufholen können, obwohl es ohne Fliegen ist und Lichtzellen hat am Pissoir und das Bier einen höheren Druck, überhaupt müsse man das einmal genauer untersuchen, er, der Bürgermeister, habe da ohnedies einen Antrag gestellt im Gemeinderat, warum, meine Herren, habe er gefragt und gesagt, daß er sich frage, warum kommt das Zentrum nicht an den Dorfwirt heran, der außerdem nie nicht im Fernsehen, wenn man schon den Minister und den Parteisekretär links liegenlasse, aber jetzt, ohne den Gastgarten, die Kammer habe dem Dorfwirt empfohlen, *Espresso Buffet* über den Eingang zu schreiben, wo eine Umfahrung kommt, hat die Kammer erklärt, hat ein Wirtshaus keine Chance, Umfahrer nämlich stehen nur, wenn sie essen und trinken, weil sie ja immer sitzen, wenn sie umfahren, die Kammer hat einen Kleinkredit allen zugesichert, die statt Wirtshaus über die Tür *Espresso Buffet* schreiben, *eine flankierende Maßnahme*, habe der Kammerpräsident gesagt, aber der Dorfwirt habe hinausgeschrien bei der Versammlung, sie sollen ihn alle am Arsch lecken, diese Kammerteppen, aber das sei auch keine Lösung, sagte der Bürgermeister . .

Man begräbt in letzter Zeit zu oft, Ottavio, und obschon die Toten liegen, wie jedermann zu wissen meint, umstehen sie uns, tatsächlich, ich weiß kaum einen Vorsatz, eine Vorfreude, einen Entschluß, denen nicht ein Toter in den Weg träte. Meine Wahrnehmung, Ottavio, ja, und *das* ist es wohl, nicht eine Veränderung der Umwelt, meine Wahrnehmung scheidet keine Todesfälle mehr aus wie einst, stellt sie nicht beiseite, läßt sie nicht dahingestellt werden, die Todesfälle rücken näher in dem Maße, in welchem der Tod in die einrückt, die mit mir geboren wurden; merkwürdig, den Tod sozusagen als sozial eingeschlossen zu sehen, nicht als metaphysischen Inhalt zu denken; der Alois stirbt, der Erich stirbt, der Hans wird sterben, und mit dem warst du dort, sagen wir am Ufer, unterm Tor, er stand, und du siehst ihn stehen, und dadurch, daß er tot ist, steht und siehst du stehen den Tod, da ist nichts Metaphysisches, nichts *danach*, jetzt ist es, Ottavio, jetzt, reicht es noch, sagst du, weil: *bleib nur* die Zeit gesagt hat, bleib nur, hat sie gesagt und ist den Tod holen gegangen, und daher weißt du nicht, wie lange das sein kann,

wenn sie sagt, daß du nur bleiben sollst, das nämlich ist auch nicht zu bestreiten, daß von der Zeit eine große Ruhe ausgehen kann, daß es etwas sehr Ruhiges ist, zu sagen *die Zeit* und daran etwas zu knüpfen oder ihr zu überlassen, was jetzt nicht die Zeit ist, wozu man besser sagt *der Augenblick,* noch besser, städtischer sozusagen, *der Moment,* aber, Ottavio, ich mag ihn nicht, den Moment, in ihm wird die Zeit spitz, widerlegt sie sich selbst in ihrem besten Teil, in der Dauer, denn der Augenblick ist als Zeit nicht wahrnehmbar, Zeit schießt ein, das ist der Augenblick, und Tod schießt ein, und ich vermute, daß das auch der Augenblick ist, aber dieser Augenblick ist nicht Zeit in mir, das ist Zeit außer mir, die ich vermute an dem, den sie hinaustragen –
Der Schlaf schleppt Albträume an; den schlimmsten hat er nicht bei sich, nämlich den, nicht *morgen* sagen zu können. Wenn ich mir zutraue, morgen zu sagen, traue ich mir auch zu, übermorgen zu sagen, und ist es Freude, die mich treibt, die Zeit zu überholen, sage ich: morgen kann ich schon sagen, übermorgen wird es sein . .

Der Dorfwirt sagte: wenn sie die Autobahn da zu uns hereinlegen, dann kriegen die Häuser links und rechts eine haushohe Betonmauer davor, einen Schallschutz, steht in der Zeitung, und mit der Fünfertaste können die Leute, denen der Grund abgelöst worden ist für die Autobahn, kostenlos, dauernd, auch nach Programmschluß, auf dem Fernsehapparat sehen, wie es war, bevor die Be-

tonmauer war, sie können die Bäume sehen, das Feld, wir kopieren Ihnen auch Rehe hinein, haben die Fernsehleute gesagt, und von den Bäumen, die von der Autobahnverwaltung umgehauen werden, wird ein Extrakt gemacht, und das können die vor dem Fernseher verbilligt kaufen, weil so ein Bild ja nicht riecht, man muß sich eben umstellen, aber das sage nicht er, sagte der Dorfwirt, das sagt die Regierung, die eine sehr fortschrittliche Regierung ist, was aber nur sie sagt, und der Korrespondent der Regierungszeitung schreibt, daß noch nie jemand soviel Ruhe gehabt habe wie seit dem Bau der Schallschutzmauer, noch nie jemand auch zu Nebelzeiten so viele Bäume gesehen habe und abends Rehe –
Solange sie mir nicht auch das Bier hineinkopieren, sagte der Dorfwirt und sagte: *Sperrstunde*, meine Herren.

Wenige Tage nachdem ich die Nachricht vom Tode ihres Vaters erhalten hatte, war ich bei Claire zum Tee. Sie hatte mich nicht eingeladen, ich war einfach gekommen, richtiger, ich hatte mir ein paar Minuten erbeten, der Tee war die Folge meiner offenbar nicht unerwünschten Zeitüberschreitung –
Auf dem Weg zu Claire überschlug ich die Kontaktchronik: einige Blicke, davon wiederum einige, Geduld erbittend für einen alten Herrn, die von Blicken beschämte Ungeduld, meine Karte, jene Nachricht zuletzt: nicht gerade viel, meinen Besuch zu motivieren, geschweige zu rechtfertigen –
Sie hätte ja am Telephon sagen können: an sich

gern, aber wissen Sie, es gibt so viel zu erledigen, zu ordnen, der Nachlaß meines Vaters wird mich noch Monate beschäftigen – aber sie sagte: Mittwoch, drei Uhr, wenn es Ihnen recht ist . .
Es gibt ein Gespinst feinstnerviger Verständigung, für die der Mensch Kontaktpunkte besitzt, die tief unter der Schwelle optisch-akustischer Wahrnehmbarkeit liegen. Man sieht, ohne zu sehen, man weiß, ohne zu wissen, die Zeit scheint es nicht zu achten, Jahre legen sich aufeinander, aber hindurch wirkt eine Notwendigkeit, unbeirrt, längst bist du verständigt, und zur Stunde läßt du es geschehen, einige Unbegreiflichkeit ist dann meistens dabei, hättest du das geglaubt, sagst du, und: nein, sagst du, wenn mir das jemand gesagt hätte, und du sagst, was du geantwortet hättest, und ungefähr dann spürst du, daß du schon zu lange geredet hast, aber da sagt sie: komm, es ist schon spät, wir reden morgen weiter –
Claire sagte: wir erinnern uns, als hätten wir eine Vergangenheit miteinander.
Ich sagte zu Claire, daß sie von etwas rede, das gewesen sei, und ich von etwas rede, das gewesen sei, und jeder von uns dem anderen sage, daß es so gewesen sei und daß das eben Vergangenheit mache und daß dann, wenn das, was sie sage, auch ich hätte sagen können und darin keiner dem anderen widerspreche, daß das eine gemeinsame Vergangenheit sei, mögen Zeit und Begebnis noch so gering sein, und wissen Sie, Claire, sagte ich, da geschieht es dann, daß einer mit einem Male sagt: *wir*, und: *damals haben wir*, er sagt nicht: *Sie* und

ich, er, sie sagt: *wir* – wäre ich ein Wissenschafter, würde ich das den *unwillkürlichen Plural* nennen, einen Plural, der einem passiert . . Früher hat man in so einem Fall Gedichte gemacht –
Eine hübsche Liebeserklärung, sagte Claire.
Das Frühlicht hatte die Nacht durchscheinend werden lassen, dünndünner verfloß das Dunkel unterm halben Mond hin, ich ging den Garten hinab, Kieswege, buchsgesäumt, der Springbrunnen dem Treppenaufgang gegenüber, das Geräusch des niederfallenden Strahles verändert je nach Stärke des Windes, eines Morgenwindes mit etwas Petrochemischem in sich, schlecht eingestellter Heizbrenner, dachte ich, der Strahl vom Springbrunnen näherte sich mir im Winde, versprühte Feuchte, groberes Plätschern, das eine bremsende Straßenbahn durchstrich, kurze Stille hinter der Bremsspur, zunehmender Petrolgeruch, Nester aus Vogelstimmen, ich gehe an einer Grotte vorbei, Gestalten in Moos, lateinisch, griechisch, ein Mund, ein Arm aus dem Moos hervor, denk nicht daran, sage ich mir, er sei einen ganz gewöhnlichen Alters- und Bett- und Einschlaftod gestorben, hatte Claire von ihrem Vater gesagt, der in jenem Konzert versucht hatte, die Musik dem Dirigenten aus den jagenden Händen zu nehmen, und dort, hatte Claire gesagt und mit dem Champagnerglas auf die Bank vor der Grotte gedeutet, dort habe der Vater zwei Tage vor seinem Tode gelesen, und sehen Sie, hatte sie gesagt, hinter diesem Mann mit dem Vergil da stand diese neonkrätzige Nacht, wie sie jetzt steht, und die Straßenbahnen, hören Sie, die machen

lauter Kratzer in die Nacht, die sonst blank wäre, geradezu glasiert heute bei so einem Mond –
Die Frühe hatte nun die Nacht, das Dunkel, das schleißige Dunkel vollends durchgescheuert, der Restmond war opalen versteinert vor der aufziehenden rosengelben Helligkeit nahe dem Sonnenaufgang, die Autos linierten sich immer dichter heran und hinweg, noch wuchsen die Stimmennester der Vögel in Gebüsch und Platanen und Linden an, verirrt ein Hauch von Jasmin –
und als ich hinaufsah, zog ein riesiger Kran lautlos seinen ersten Kreis.

Aufschreibung im Sinne der therapeutischen Empfehlung Dozent Dr. Gotthold Freses:

Sie sehen den Baum, der frei steht im Felde, den genauen Schatten des Baumes auf dem Felde, in rechtem Winkel an den Stamm gefügt, es ist, als habe von ihm der Baum die Stütze, die ihn, den Stamm, aufrecht, frei stehen läßt, als sei einzig der Schatten es, der das Stürzen des Baumes, sein Fallen auf das freie Feld verhindere . . Stehen, frei stehen, der Schatten macht dich standfest, der Schatten macht dein Glück standfest.

Glücklichsein: ein Moment der Balance, die man in der Reflexion auf ihn sofort verliert. Gleichwohl bedarf Glück der intellektuellen Entschlossenheit, sich das, was man weiß, nicht in jedem Fall beweisen zu lassen.

Mit der Fähigkeit, Glück zu erfahren, werden wir für unsere Endlichkeit entschädigt.

In Ansehung der Glücksgewinnung sind Erfüllung und Verzicht chancengleich.

Bedürfnislosigkeit als Wunschlosigkeit: Glück ist schlafen gegangen, und wir wagen noch nicht zu atmen.

Wir wiegen, was wir an Augenblicken des Glückes wiegen – und da wird niemand niemanden als zu schwer befinden.

Anna Schoiberer sagte, es sei ganz was *Seltsames* gewesen, was der Doktor gekocht habe, der Sechs-Liter-Häfen sei voller Bohnen gewesen, weißer, dicker, und über den Bohnen seien Brösel gewesen, eine Kruste, und wie er hinuntergefahren sei mit dem Schöpflöffel, da war dann das Fleisch, lauter kleinere Stücke, von etlichem Vieh, Schaf sei auch darunter gewesen, und alles in einem bräunlichen Saft, das habe gerochen, sagte die Schoiberin zum Greißler am andern Tag, gerochen hat das, sage ich dir –
Es hat ganz schön gedauert, sagte der Lehrer, so um drei herum war ich im Bett, und einen Wein hat der Doktor, einen französischen, daß sich der das leisten kann –
Das Essen aus dem Häfen sei ja recht gediegen gewesen, sagte der Bürgermeister, überhaupt ein umgänglicher Mensch dieser Doktor, nur *einsinnig,* viel zu einsinnig auf sein Alter, hockt da in seinem Turm und schaut zu, wie sich unter ihm die Zeit herumdreht –
Aemilian Karrner hatte ein paar Leute vom Dorf

zum Essen eingeladen. Aemilian Karrner hatte sie eingeladen, wie Leute, die aus der Stadt kommen, meinen, Leute, die in dem Dorf sind, in das sie gekommen waren, einmal einladen zu müssen. Und Aemilian Karrner hatte mit den Leuten aus dem Dorf geredet wie Leute, die aus der Stadt ins Dorf wohnen kommen, meinen, daß man mit Leuten, die im Dorf sind, reden müsse. Aemilian Karrner hatte den Leuten aus dem Dorf gesagt, was Städter sagen, wie ein Dorf ein Dorf bleiben müsse, damit Leute aus der Stadt in einem Dorf bleiben. Er hat ihnen dabei die Bohnen und das Fleisch in die Teller geschöpft und den Rotwein in die Gläser gegossen, und sie haben den Doktor leben lassen, hochleben, und haben die Bohnen gekaut und den Saft gelöffelt; und daß ein Turm keine Wohnung sei für so einen Menschen, hatte der Bürgermeister gesagt, aber da ist der Lehrer Aemilian Karrner zu Hilfe gekommen, er verstehe das recht gut, hat der Lehrer gesagt, es handle sich da einfach um *Lebensqualität,* die Wissenschaften seien längst danebengetreten bei ihrem Fortschritt, der Bürgermeister müsse sich eben mehr mit dem *Trend* bekannt machen; was heißt da Trend, hatte der Bürgermeister gesagt, er brauche Einnahmen, keiner, wie wir da beieinandersitzen, keiner von euch kann sich vorstellen, was das alles kostet, das Zenter, mit C, sagte der Lehrer dazwischen und lachte, Trottel, sagte der Bürgermeister, und der Kanal, mit C oder mit K?, frozzelte der Bürgermeister den Lehrer, ein Dorf, einfach ein Dorf, mit Kirche und Wirtshaus und ein paar Bauern,

ihr solltet euch einmal die kommunalen Aufgaben anschauen, das sei eben heute ganz anders, drum brauche der Ort die Umfahrung; ja, deine Umfahrung, sagte der Lehrer, dann schau hinter den Leuten drein mit dem Gucker, nur Hintern und Schlußlichter könne er dann sehen, der Bürgermeister, und drum wähle ich dich das nächste Mal nicht mehr –
Um sechs komm ich zusammenräumen, sagt die Schoiberin, der Herr Doktor kann ruhig länger schlafen.

Ach, das hat mich dieser Frese auch schon gefragt. Wie ging die Geschichte weiter, hatte er gefragt, Sie waren doch im September in Mandelieu? Und dabei sah er mich so an, wie es mir widerlich ist, daß er mich ansieht, dieses auf Diagnose und Befund abzielende Schauen, der Mann ist es längst entwöhnt, einfach seine Augen zu gebrauchen, er ordiniert ständig mit seinen Augen, und das ist öd, Augen, die auf der Lauer liegen, Ohren, die auf der Lauer liegen, so wird Elend jagdbar gemacht –
Aber ich bin eben umstellt, von Ihnen, von diesem Frese, vom Dorfwirt, vom Bürgermeister, doch diese Umstellung habe ich mir ja selber gemacht, Türme werden umstellt, man weiß das, Festungen müssen fallen, wer in einem Turm sitzt, zieht Feinde an, ja produziert sie geradezu mit seinem Sitzen, ein Turm ist doch kein Wohnhaus, keine Wohnung, Türme sind familienunfreundlich, kommunikationsunwillig, wer in einem Turm sitzt, hat

sich entzogen, er will nichts mehr, von niemandem, das jedoch nimmt ihm jedermann übel, da jeder von jedem etwas will, bringt er, der von niemandem etwas will, jeden darum, von ihm etwas wollen zu können, und damit ist die Gesellschaft ihrer Vergeblichkeit, ihrer Nichtigkeit überführt –
Schießen, Ottavio, ist sicher kein Argument, nicht einmal ein Ausweg, aber auch keine Affekthandlung, keine Gewalttätigkeit aus bleicher, farbloser Wut, ich fühlte mich ebensowenig in der Enge, aus der, so heißt es, harmlose Tiere, vermeinen sie sich zwischen Wänden und ohne Ausgang nach hinten, angreifen, zu schießen kann ein Fall humaner Restbehauptung sein –
Sie werden sagen, *mein lieber Aemilian Karrner,* und so reden alle, die einen Irren, als den sie jemanden einschätzen, *zur Vernunft bringen wollen,* alles von solchen Bemühungen fängt an mit *mein Lieber,* darin ist Krankenzuspruch und Drohung und Erpressung, und die Fristsetzung zuletzt dafür, *ein wenig Vernunft anzunehmen, zur Einsicht zu kommen,* daß man nur auf Hirsche und Rehe schießen darf, aufgrund einer Lizenz, ja sie abschießen muß, weil Forstleute und Vorgartenbesitzer protestieren gegen zu viele Rehe und Hasen, der Knospen und Triebe wegen, die sie, das Interesse der Bundesforste und der Vorgartenbesitzer grob mißachtend, aus Hunger fressen; die Demolierer aber, Ottavio, die Zerstörer, die mittels Aufbaues, mittels dieses perfidesten Mittels zerstören, die Täler grätzig und voll scheckigen Aussatzes die Hügel machen, gegen die, sage ich,

die Demolierer, zu schießen, ist verboten, für die gibt es überhaupt keine Schußzeit, keine Lizenz –
Geschichtslos lebend, werden sie nie haftbar zu machen sein für Geschichte. Ich gebe zu, Ottavio, daß ich einiges *überspitze, überspitzt sage,* aber anders bin ich nicht imstande, es zu sagen, zumal nicht ich überspitze, das behaupten nur die entmannten Verschwörer einer Art plebejischen Kantinenfriedens, *ich soll nicht alles überspitzen, nicht alles auf die Spitze treiben,* sagen sie und schicken den Frese aus, mich Vernunft annehmen zu machen, es ist Wirklichkeit, die sich zerstört und in Zerstörung selbst sich auf die Spitze treibt –
Sie sind ungeduldig, Ottavio, weil ich Ihnen noch immer Mandelieu schuldig geblieben bin, die Geschichte von Mandelieu, aber wie kamen Sie eigentlich auf dieses Stichwort? Wahrscheinlich hat Sie der Frese ins Vertrauen gezogen, so nennt man es ja, wenn Indezenz geschwätzig wird, allein Mandelieu ist kein Fall, sicher nicht mehr als etwa der dritte, vierte Auftritt der zweiten, dritten Szene in einem Stück.
Ich war einmal zum Tee eingeladen, und die Zeit war dann hinübergegangen in die eines improvisierten Nachtmahls, und auch diese Zeit hatte sich schmal gemacht, überdies sind Nächte um die Sommersonnenwende kurz, wir hatten zum Dessert trockenen Champagner getrunken und weiter getrunken, und mit einem Male war Claire weg, fort aus dem Zimmer, sicher war ich schon einige Zeit gesessen, als ich bemerkte, daß sie sich offenbar zurückgezogen hatte, und ich saß, als hätte ich mich

nicht bewegen können, die unruhige Helligkeit, gemischt aus Nacht und einfließendem Frühgrau und fast erlöschenden, bläulichen Kerzenlichtern, die immer wieder kurz zu kurzer Flamme sich erholten, bis sie vom Docht abfielen – irgendwann einmal war ich dann doch aufgestanden und in den Garten hinausgetreten, ich glaube, daß da noch der Mond war in dem Gemisch aus Nacht und Frühgrau – habe ich Ihnen davon nicht erst kürzlich erzählt? Und warum unterbrechen Sie mich nicht? Und dann wissen Sie ja auch die Sache mit dem Kran, der über den Himmel hin die einarmige Runde schrieb, über den Himmel hin und den Garten mit der Grotte, in der Claires Vater gelesen hatte –

Der Kran. Sein Kreis. Die Figur, die einschließt und ausschließt. Sie kennen meine Angst vor Kränen, mein Entsetzen. Mit dem Kran macht die Zeit das Zeichen über uns. Und in diesem Zeichen siegen sie.

Ich hatte den nächsten Tag Claire einen Strauß weißen Flieders und violetter Nelken geschickt, gegen Abend dann angerufen. Es war niemand an den Apparat gekommen. Auch die folgenden Tage nicht. Ich war hartnäckig. In der vierten Woche endlich sagte eine weibliche Stimme, die gnädige Frau sei verreist, ihre Rückkehr ungewiß. Nein, die gnädige Frau habe keine Adresse hinterlassen.

Gegen ein ausreichendes Trinkgeld verriet mir der zuständige Briefträger die Anschrift: Mandelieu. Das war die einzige Erkundigung. Und die gereute

mich sogleich als Indiskretion. Sie schien mir auch nicht vom Gefühl abdeckbar. Ich hatte mich unfair in eine Zurückgezogenheit eingeschlichen. Aber Boten, Bediente, Vertraute zu bestechen, derlei hat doch Tradition, sagte ich mir, wie sonst kommt man auf die Spur, hinter Mauern? Die belletristische Erfahrung half mir, mich zu beruhigen.
Allein nicht Mandelieu, sondern Mougins war der Fall, die alte Mühle dort, das Restaurant. Deutlicher, als ich Claire sah, sah ich in dem Herrn an dem Tisch das Nachbild ihres Vaters, das Bild nach dem Vater, der tot war. Nicht Claire zu betrachten, die mich nicht sehen konnte, beschäftigte mich, sondern die Gesichtslinien ihres Vaters, wie sie mir im Gedächtnis waren, an den physiognomischen Linien dieses Herrn zu erproben, unterhielt Augen und Urteil. Und der Herr legte seine linke Hand auf Claires rechte. Und Claire steckte ein Petit Four in den Mund und lachte. Im Konzert hat sie gelächelt, denke ich. Und ich denke, daß da eine Wiederholung, eine verschobene Wiederholung, eine verschobene Zeit, und ob ein Augenblick sich kostümiert, und wer welche Rolle besetzt, und eine Traurigkeit tropft in mich ein, rinnt in mir auseinander, nachmittagswarmer Duft im Garten, ich bestelle einen Armagnac älteren Jahrgangs, wenn eine Frau sich einem schon entzieht, soll man dem Kummer einen gewissen Komfort zugestehen, Monsieur Vergé hat seinen Auftritt, die Gäste photographieren den Meister der Küche, er lächelt, ich mische mich unter die sich erhebenden, stehenden, ein paar Schritte gehenden, lächelnden, des

Meisters Lächeln heischenden photographierenden Gäste, Claire, denke ich, einmal müßte sie doch in die Richtung sehen, die ich gewissermaßen herstelle, aber Claire sieht nicht herüber, ihre Hand bleibt auf der Hand dieses Nachvatermenschen, einigen Gästen gelingt es, Monsieur Vergés Eisbärtchenlächeln zu durchdringen, eines Wörtchens des Meisters habhaft zu werden, mir machen Pommard und Armagnac den Boden weich, nachgiebig, der Septemberduft die Schläfen enger – naja, Ottavio, und darüber waren die Stühle Claires und jenes Herrn leer geworden.

Claire – wer ist wem den Abschied schuldig geblieben: Sie mir oder ich Ihnen?
Sind Sie nach Mandelieu gekommen, einen Abschied einzufordern?
Sie haben mir nichts hinterlassen, kein Wort.
Und das hat Sie beunruhigt? Sie meinen, hinter alles gehört ein Wort, wie hinter jeden Satz ein Punkt? Jaja, es soll auch mit Gefühlen seine Ordnung haben, und da gehört ein Abschied wohl dazu, wie?
Vielleicht; sicher sogar.
Abschied als Information, Aemilian? Insofern wird man schuldig, wenn man sie schuldig bleibt. Schließlich hat jeder ein Recht auf Lebenseinteilung. Von Abschied zu Abschied, das macht eine Art Kalender sozialer Beziehungen.
Nachdem Sie sich zurückgezogen hatten, war ich in den Garten gegangen –
Ich habe es gehört, denn ich war wach geblieben –

Und mir ist die Grotte eingefallen, und ich habe an Ihren Vater gedacht und daß er dort gelesen hatte, und dann habe ich hinaufgesehen in diesen verfrühten Junimorgen und habe einen Kran einen Kreis ziehen sehen –
Die Graphik dieser Tage. Über jedem von uns kreist ein Kran, ein Kranarm. Wir sehen es nicht zustoßen, aus diesem Kreisen herab. Es kreist lautlos. Sie müssen lange warten, lange hinsehen, bis Sie etwas sehen, das mit so einem Kreisen eine Verbindung hat. Das ist vergleichsweise winzig. Irgend etwas, klein, von ungenauer Farbe, hängt, scheint zu schweben, ist weg. Und der Kran kreist. Und man war weggefahren und zurückgekommen, und man hat die Gartentür geöffnet und war die Wege hin gegangen und hatte gesagt, daß niemand die Rosen geschnitten habe und daß viel zuviele Zwetschken im Grase lägen und die Nüsse klein seien heuer, und man hat vom Apfelbaum den niedergebrochenen Zweig gesehen und daß in der Linde der Herbst ein zu frühes Gelb macht, und es hat jemand gerufen, und man hat in die Richtung geschaut, aus der der Ruf herangeweht war, und man hat in dieser Richtung und zwischen Linde und Apfelbaum und über die Hecke hinweg diesen Bau gesehen, dieses StockwerküberStockwerk, blindäugig, blind aus tausend Augen, und darüber, jetzt ganz nahe fast, den Kran, den Arm des Kranes, der nicht mehr kreiste, nur langsam schwenkte zuweilen, das ist der Täter, sagst du dir, der hat es getan, ein bißchen tut er noch, lässig beinahe, weil er weiß, daß es geschehen, er selbst

bald überflüssig ist. Ja, Aemilian, über uns die Kräne, von ihnen sind wir eingekreist, wie Geier über Aas kreisen sie über Zerstörungen –
Und dazu fielen Ihnen nichts anderes ein als Mandelieu und ein Herr, von dem mir ist, als hätte ich ihn in Ihrer Gesellschaft schon gesehen –
Was ich von überall her höre, möchte ich nicht auch von Ihnen hören, Aemilian Karrner. Nachdem mein Vater gestorben war, hatte man ringsum auf einen Liebhaber gewartet, jedoch wieder einen Vater vorgestellt erhalten. Und man weiß, was eine Frau von vierzig Jahren, und weiß, daß ich immer schon, und weiß, daß das eigentlich, und setzt, als gelte es ein Pferderennen oder den Sieger in einem Fußballcup – Ich habe mich verkauft, ich habe mich an einen reichen Mann verkauft, mich, mein Erbe, das Haus, meine Zeit, die immer noch die meines Vaters ist und die meines Vaters bleiben wird. Die Zeit, die meine ist, wird immer die sein, die die Zeit meines Vaters war. Ich habe eine Liaison mit dem Verfall, es verfällt, sage ich, wir verfallen, sage ich, aber ich zerstöre nicht, wir zerstören nicht. Verfallen, wenn etwas verfällt, da ist doch etwas bewahrt, da ist zumindest der Tod bewahrt, ja, sehen Sie, Aemilian, jetzt habe ich's, Zerstörung, das ist Mord, nicht Tod, ich meine, Mord ist: den Tod verursachen, aber Tod, den hat die Zeit sozusagen bei sich, und so sieht man ihn in den Ruinen, sie haben ihre Schönheit davon, ich meine nicht Trümmer, die Reste einer Zerstörung sind, ich meine Ruinen, aus denen sich Leben zurückzog und die dann frei in der Zeit stehen – ich

spiele Zeitanhalten, der Kran kreist über mir, und ich schaue, schaue auf das Kreisen des Kranes, und überlege, ob ich noch draußen bin außer der Kreislinie, und überschlage die Frist, die ich noch habe, bis er mich hineinnimmt. Und während ich das überschlage, gehe ich zu dem Amt, ich sage, der Kran, und sage, was mir gegen den Kran einfällt, und einer, der weiß, was man gegen einen Kran sagen kann, sagt mir, was ich auf dem Amt gegen den Kran sagen soll, und die auf dem Amt sagen mir, daß ein Beschluß sei, ein *einstimmiger Beschluß,* und ich frage, warum ein einstimmiger Beschluß immer etwas mit Zerstörung zu tun hat, und das Amt sagt, das sei eben *die Rechtslage,* und dann frage ich, warum der Rechtslage immer an der Zerstörung gelegen sei, darüber, sagt das Amt, könne das Amt nichts sagen. Ja, Aemilian, man wird müde davon, und es wird Abend, ein leicht föhniger Abend, und ich sage mir, dort hat mein Vater Vergil gelesen, der seine Felder hatte retten können, weil ein Kaiser seine Gedichte mochte . .

Hätte ich mit Claire unter dem Kreiszeichen des Kranes leben dürfen, mir wäre der Turm – beinahe hätte ich gesagt: erspart geblieben, das heißt, die Folgerungen aus diesen ständigen Irritationen wäre nicht die ebenso ständige Zurücknahme meiner selbst gewesen. Uns, Claire und mir, wir hätten noch einen Spielraum für ein Raumspiel, ein Inselspiel gehabt, wir hätten uns einrichten können im Verfall, wohnen können im Verfall, in Würde stehen und zusehen, wie es abbricht an den Grenzen, Claire wollte es anders, Claire dachte die Insel als Grundstück, als Datum im Grundbuch, sie sah ihre Insel als Hecken, die geschnitten werden, als Kieswege, die gejätet werden müssen, als Mauern und Dach und Installationen – der Herr, der Nachvater, sie machte ihn zum Vater des Vaterhauses. Und Claire geht im Hause um und im Garten hin und her und die Hecken entlang und sagt, daß sie es so dem Vater versprochen habe auf dem Totenbett.

Aufschreibung im Sinne der therapeutischen Empfehlung Dozent Dr. Gotthold Freses:

Sie sagen, es sei zeitgemäß, weil zeitgemäß sei, daß – und sie reden von der Zeit, als sei sie etwas, dem etwas gemäß sein könne, als sei der Zeit etwas anderes gemäß, nach ihrem Maße, als sie selbst –

Wenn Gegenwart Vergangenheit denunziert, ist das der Fall, da Hochmut vor dem Fall kommt: einem Verfall des historischen Sinns.

Die Zeit, die einem fehlt, etwas zu tun, ist die, welche man hatte, etwas zu tun.

Erinnerung ist die Mitgift der Zeit, Leben mit der Zeit zu versöhnen.

Dem Augenblick etwas und so konzedieren, daß es die Zeit an unserem Totenbett nicht widerruft.

Glück: die Zeit scheint zugunsten deines Traumes anzuhalten –

Wer Gegenwart gegen Vergangenheit ausspielt, hat immer einen Zähler mehr, von dem nur ungewiß ist, was er in Zukunft zählt –

Niemand denkt an Mönchisches, Asketisches, wenn er hört, einer sei davongegangen, habe zurückgelassen, habe eine Insel- oder eine Turmadresse. Einst unterstellte man einem derart plötzlich abhanden gekommenen Menschen, ein Gesicht gehabt zu haben, eine Erscheinung, Gottes Ruf, hieß es, Gottes Gnade sei ihm zuteil geworden. Heute überschlägt der Bürgermeister, wann so ein Mensch der Gemeinde zur Last fallen könnte.

Es war keine Hausdurchsuchung, geh einmal vorbei, hatte der Bürgermeister zum Gendarmen gesagt, aber ja nicht in Uniform, du kannst was sagen von der Einsicht und was man in den Zeitungen so zu lesen bekommt alle Tage, ein Turm, kannst du sagen, ist heute keine Sicherheit mehr, und wie das denn mit dem Türschloß sei, kannst du sagen, und ob drunten, am Eingang, das Tor immer zu ist, besonders während der Nacht, naja, und wenn es mit dem Tor nicht ganz stimmt oder mit der Tür, dem Türschloß, und es wird sicher nicht stimmen, dann kannst du ihn nebenbei fragen, was er für so einen Fall, wie Fälle in der Zeitung stehen, sich vorstelle, ein Gewehr, kannst du sagen, habe er doch wohl nicht, soviel sei dir bekannt, aber das überlasse ich alles dir, ich muß nur die Kommission morgen beruhigen können, daß es da nicht wieder knallt aus dem Turm . .

Und zu Ottavio Falerno sagte der Bürgermeister, ob er nicht etwas tun könne, beispielsweise über den Mietvertrag, denn jetzt hause jener Mensch im Turm, ohnedies ein Elend für einen, der doch noch nicht alt sei, aber sehen Sie, sagte der Bürgermeister, jetzt hat er den Turm und die Aussicht, was aber, wenn der den Stützpfeiler vor die Nase kriegt, er, der Bürgermeister sei wohl auch gegen die Brückenauffahrt auf Betonstelzen, aber es geht nur so, hat das Landesbauamt gesagt, ohne Stelzen keine Auffahrt und ohne Auffahrt keine Umfahrung, ja, und eine von den Stelzen komme genau vor die zwei Turmfenster zu stehen . .
Keine Chance, sagte Dozent Dr. Gotthold Frese zu Ottavio Falerno, der Mann hat sich darauf festgelegt, proportional den Veränderungen, die er, wie er sagt, betrachtet, sich zu reduzieren, zu verknappen, immer mehr wegzunehmen, die Ohnmacht des Vereinzelten in dieser Zeit vorzuleben und an ihr zu sterben. Von dieser Schießerei auf die Geometer mag ihn das Gericht freisprechen, zumal man nachweisen wird, daß es gar nicht möglich gewesen wäre, aus diesem Schußwinkel die Leute drunten am Fluß zu treffen – und was dann noch fehlen sollte, wird mein Gutachten abdecken . . Dozent Dr. Gotthold Frese legte seine Wissenschaft Ottavio Falerno auseinander, die er eben zugunsten Aemilian Karrners anzuwenden gedächte und nicht einzig zur Reputation dieser Wissenschaft; natürlich, sagte Dr. Frese, werde ich der Wahrheit geben, was der Wahrheit ist, nur hat in diesem Fall die Wahrheit eine gewisse *Bandbreite,* sie *floatet,*

um es im Jargon der Währungsweisen auszudrükken, ich lasse die Wahrheit floaten, eine Konzession meinerseits, die dem Fall durchaus angemessen ist, einem Grenzfall, *borderline case* genannt in unserem Metier, das Gericht, werde ich sagen, möge doch an Kohut, Mahler, Ammon, Caruso und viele andere denken, aber das Gericht wird das nicht tun, weil ein Gericht ja aufgrund der Gesetze zu befinden, nicht jedoch aufgrund einer Analyse etwas zu finden hat. Und Dr. Frese erläuterte Ottavio Falerno, der sein Ohr nahe dem Weinglase hielt, was Persönlichkeiten mit narzißtischen Entwicklungsstörungen seien und was die Ausrichtung der Gesellschaft auf *Profitdenken*, auf *Leistungsprinzip* in solchen Charakteren ausrichte. Es sei durchaus möglich, gab Dr. Frese zu, daß derartige Menschen unauffällig es zu Karrieren oder Hofräten brächten, eher jedoch schlössen sie sich den Aktivitäten von Randgruppen und Subkulturen an; seien sie bindungslos geblieben, müsse man befürchten, daß ein psychotischer Schub sie zu Selbstmord, äußersten Falles zu Mord schöbe.

Gut, sagte Ottavio Falerno, gut, Herr Frese, trotzdem sind wir hilflos gegenüber einem Menschen, der darauf versessen ist, immer weniger zu werden, je mehr Gegenwart gegen ihn ist, der wünscht hinausgetragen zu werden, wenn Zerstörung, wenn diese Zeit ihm den letzten Ausblick wegnimmt –

Gesetzt, es kommt jemand in das Dorf, dem Tag Aemilian Karrners nachzufragen, er wird nicht viel Verwendung haben für das, was er erfährt: ja, wird der Dorfwirt sagen, er kenne den Herrn, ein stiller Mensch, freundlich für sein abgeschiedenes Wesen, auch eine Runde spendierend, wenn es die Laune ist und der Anlaß, und der Briefträger wird sagen, daß der Herr zwei ausländische Zeitungen abonniert habe, hiesige keine, warum wisse er nicht, er rede nicht viel mit dem Herrn, merkwürdig sei nur, daß der Herr fast keine Briefe erhalte, möglich, daß das mit dem Turm zusammenhänge, und ja, würde vielleicht der Briefträger nach längerem Befragen zugeben, Postanweisungen bekomme der Herr, kein Vermögen jeweils, aber durchaus nicht wenig für einen, der von der Welt ringsum nichts will, wie es ihm, dem Briefträger, scheine, und der Fleischhauer, der würde fürs erste gar nichts sagen, weil immer Kundschaft ist bei ihm, der erfundene Mann, der im Dorf umgeht, würde sich lange gedulden müssen, wissen Sie, würde der Fleischhauer sagen, wenn er allein ist, der Herr, sonderbar, sicher, das ist er, vom Fleisch aber versteht er mehr als die Weiber der ganzen Gegend, das müssen Sie mir ordentlich *parieren,* würde der Fleischhauer von dem Herrn sagen, *parieren,* hat der Herr gesagt, sich dann aber verbessert, *zurichten,* und ich denke mir, würde der Fleischhauer sagen, parieren, das gibt's beim Militär oder daheim hat es das gegeben, aber der Herr meint, überall das Fett wegschneiden und die Haut und die Flachsen heraus, ich sage Ihnen, würde der Fleischhauer sagen, so ein Fleisch, wie im Bilderbuch schaut das dann aus, und der Bürgermeister würde sagen, na bitte schön, würde er seine Mitteilung einleiten, der Herr, Sie kennen ja die Geschichte, wie er da auf die Geometer geschossen hat, die Sache sei noch immer nicht ausgestanden, aber schließlich rechne man ja auch nicht jedem Wildschützen jede Kugel nach sein Leben lang, er befürchte nur, würde der Bürgermeister sagen, daß der Herr, wenn die Umfahrung kommt, die Auffahrt, und er würde sagen, daß er das verstehe, aber ein Erholungsdorf sei eben kein Erholungsdorf mehr, wenn im Sommer Tag und Nacht eine Kühlernase am Auspuff des Vordermanns, so etwas schlage sich in der Statistik nieder, nur Ottavio Falerno wäre nicht zu erreichen, er kenne den Herrn beiläufig, würde er am Telephon sagen, als Beauftragter des Besitzers, nein, er könne keine Auskunft geben, ach, Herr Karrner schreibe auch?, davon sei Ottavio Falerno nichts bekannt, und die Anna Schoiberer würde sagen, was denn dieser erfundene Mensch überhaupt wolle, was es ihn angehe, wenn einer nicht in einem Haus, sondern in einem Turm wohne, nein, sie wisse überhaupt nichts von dem Herrn und wolle auch von ihm und niemandem nichts wissen, und sie würde grußlos die Tür zumachen, und der wedelnde Hund wäre das einzig Freundliche, stumm Mitteilsame rund um den Turm –

Mein Freund, wenn nichts mehr meinen Plan zu ändern mich zwingt, habe ich in der Nähe Ihrer Feld- und Turmeinsamkeit eine Hinterlassenschaft zu ordnen. Man sagt, der Herbst sei dort von genüßlicher Melancholie. Haben Sie sich schon dem

Turm angepaßt, oder wären Sie zugänglich für Besucher?

Claire

Claire, mit dem abfallenden Sommer bemerke ich eine zunehmende Sensibilisierung auf Veränderungen, die man dem Herbst zuordnen kann. Das gelbe Blatt, zeitverfrüht, der Baum ist nicht gesund, denke ich, mich weigernd, wie ich mir sage, es den Herbstanzeichen zuzuordnen, am Seestrand liegen noch Menschen, in größeren Abständen voneinander, die Ferien sind zu Ende, aber die Leute rollen die Decken früher ein, um fünf, halb fünf Uhr schon, Schatten, Feuchte vom Moorgrund her, sie rücken der flachen Sonne nach, Blätter, saftverloren, ziehen sich ein, fallen, drehen sich herab im Nachmittagswind, ein Rechen, morgen, wird sie wegnehmen vom moosigen Platz, man hat noch Vertrauen zur Wärme, aber da ist der Hauch von Gelb über dem Laubwald, sicher, Grün hat noch Übermacht, es hat viel geregnet diesen Sommer, sagst du, und du entdeckst dich dabei, daß du dich über etwas getröstest, von dem du spürst, daß es etwas mit der Zeit, dem Jahr zu tun hat, und trotzdem ist es in dir, daß du etwas anhalten, verlangsamen möchtest, Oktober, sagst du, es ist erst Oktober, und du hast Angst, daß etwas sich deinem Oktober widersetzen könnte, ein Tief etwa, wie Meteorologen es nennen, und das Hoch darauf, weil das Frost bringt um diese Zeit, der ins Grüne fällt, es anfällt, viel gelber wird das Gelb daraufhin werden, und auch das Grün leidet darunter, der Frost ist dem Gelb eine Hilfe, und darüber fallen die Wochen weg im Kalender, sie fallen auf den November zu, am härtesten auf den zweiten, wo alle Seelen ihren Tag haben, alle Toten, es regnet, schneit zwischen Regen, Bäume, die trocken im Föhn ihr Laub an sich hielten, geben sich müde dem Regen drein, und das, ja, das fürchte ich, Jahr für Jahr, daß Allerheiligen den Bäumen zusetzt, die tags zuvor trocken und voll Gold im Föhn standen, und es ist mir, als hätte das verhindert werden müssen, und einmal, wenn der Frost sich vergessen hat, und der Regen sich vergessen hat, und dem Föhn das trockene, metallische Spiel geblieben war, dieses Kupfer in eingedrungener Sonne, es scheint mir überantwortete Zeit, Zeit, deren Verfall ausgesetzt ist, die Hoffnung glaubt, eine Chance zu haben, ehe Nebel sie widerlegt . .

Aber diese Zeilen sind kein Brief geworden, und diese auch nicht: Claire, ich weiß nicht, welchen Nutzen es haben, welches Vergnügen es machen soll, mit den Jahreszeiten, auf sie hin zu leben, wenn man kein Bauer ist. Wahrscheinlich ist es eine Marotte der Städter, dieses Bedürfnis nach Zeugenschaft, *die Schneeglöckchen kommen schon,* die Krokusse auch entlang der Hauswand, und ins Büro bringen sie einen Forsythienzweig, ich habe diese Wochen immer gefürchtet, die Schatten legten mir eine Art Kellerkälte auf die Haut, die von der Sonne in Schweiß gebracht worden war, Schneeglöckchen, Krokusse, die hängenden Forsythienruten, Pensionistenflora war mir das immer, Rentnerzuversicht aus Mänteln hervor, seßhaft auf Parkbänken, und Grippefeuchte, Grippewind, die Spitäler sind voll hustenden Frühlings, in besseren Kreisen hat man Migräne, nein, es ist sicher ein Verdienst der Zivilisation, die Jahreszeiten uns vorzuenthalten . .

Abgesandt hatte Aemilian Karrner schließlich den Satz: Claire, auch die Zugänglichkeit eines Turmes hängt nur davon ab, ob die Tür offensteht oder man den Schlüssel hat; Sie haben ihn, sollte jene aus Versehen geschlossen sein.

Die Schoiberin brachte die beiden Bretter, neunzig mal fünfunddreißig.
Aemilian Karrner öffnete die Innenfenster und klemmte die Bretter, für jedes der Fenster eines, zwischen die Fensterstöcke. Sie paßten, hielten.
Er setzte sich an den Tisch und prüfte die Sichtverhältnisse. Über den Brettern nur Himmel.
Die Schoiberin stand und sah zu, ratlos.
Es sind da drunten Leute, sagte Aemilian Karrner, die ich nicht sehen möchte.
Die vermessen die neue Straße, sagte die Schoiberin, damit Ruhe wird im Dorf.
Aemilian Karrner sah in den Himmel zwischen Brettrand und oberem Fensterrand. Fast ein Sommertag, sagte er.
Aber es herbstelt schon, sagte die Schoiberin. Die Krautnebel, und auch sonst –
Ja, sagte Aemilian Karrner.

Ottavio Falerno hatte Aemilian Karrner angeboten, in das Wirtschaftsgebäude des Schlosses zu übersiedeln; da der Sohn des Verwalters geheiratet habe und weggezogen sei, sei ein Zimmer frei geworden, die Fenster gingen auf den Hof hinaus, Aemilian Karrner sehe nur den Brunnen, das Auto des Verwalters, hin und wieder ein Pferd, Tauben, Hühner, Krähen, ja, und einen Hund, vielviel schöner als das Ringelschwanzvieh der Schoiberin, Ottavio lachte, und lachend sagte er, daß dort keine Geometer hinkämen, einer Demolierung Maß zu nehmen –

Verzeihen Sie, sagte Aemilian Karrner, und er sagte es, weil man, gegen Wohlmeinung zu argumentieren, eine Entschuldigungsformel vorausschicken muß, Wohlmeinungen schienen ihm ja moralisch zur Zustimmung zu verpflichten, das war das Prekäre an Wohlmeinungen, verzeihen Sie, sagte Aemilian Karrner, vor Zerstörung kann man nicht flüchten an Orte von ästhetischem Reiz, es ist unmöglich, sich vor der Zerstörung auf Wanderschaft zu begeben, das wäre auch aussichtslos, weil die Zerstörung nicht frontal anrückt, überschaubar in ihren Bewegungen von einem Hügel aus, sie hat vielmehr ihre Metastasen in allen Gemeinden, es ist nicht absehbar und nicht voraussehbar, wann wo welches Dorf von Architekten und Aufbau befallen wird. Wohin Sie auch flüchteten, hetzten, überall ist die Schubraupe, als Gerät und Gesinnung, schneller, sehen Häuser, blind von grauem Star, auf Ihre Flucht. Sie müssen bleiben, stehen, warten, bis es Sie erreicht. Die Tugend, die zu erweisen ist, die Ohnmacht bringt sie hervor, nämlich sich dieser Gegenwart zu enthalten, ich sehe darauf, daß sie meiner nicht habhaft wird – und daß dabei ich selbst, mit meiner Selbstverringerung bis auf den Tod, der Trumpf bleibe, der in diesem Spiel sticht.

Da Sie mir nun den Tag nannten, an dem mein Prozeß, richtiger der Prozeß gegen mich, fortgesetzt werden soll, schrieb Aemilian Karrner an seinen Anwalt Dr. Coelestin Ranten, will ich noch einige Überlegungen zur Sache beitragen, von welchen Sie nach Ihrem Ermessen Gebrauch machen können. So hat beispielsweise meine Abscheu vor Zerstörung mittels Aufbaues eine Wurzel nicht nur im Absurden des Verfahrens, sondern auch darin, daß man in unserer Zeit die Bauten um ihr Alterns- und Sterbensglück bringt, ihre menschlichsten Züge. Denken Sie sich einen Menschen aus, dessen Existenz damit anfinge, daß er da ist sozusagen als Grundriß seiner selbst, der allmählich größer würde, Art und Eigenart ausbildete, und der nach der Zeit, die seinem Wachstum zubemessen wäre, das Maximum an Leben erreicht hätte, von da an jedoch nicht altern könnte, nur im Tag, in Jahren stünde und von ihnen abgenützt, schäbiger gemacht würde. Man hätte ihn *gegen* die Erde gesetzt, entgegen der Seele des Staubs, er könnte nicht verfallen, bliebe bloß übrig. Und die Bauten, von denen ich rede, mittels deren die Zerstörung gemacht wird, diese Objekte – sehen Sie, da ist das Wort: Objekte, namenlose, nötigenfalls durchnumerierte, zu *Anlagen* summierte – die Objekte stehen neben aller Geschichte, sie sind ohne Verfall und also ohne Leben, sie werden nie Ruinen werden, Objekt ist etwas, das vorgeworfen, preisgegeben, ausgesetzt wird; ich erstatte hiermit Anzeige, werde ich vor Gericht sagen, Anzeige gegen die bekannten Täter, sie verfertigen zynisch Wohnobjekte, sie stellen betonumschlossene Luft als Fallen auf, pressen dem Menschen den Schlüssel in die Hand, seine Geschichtlichkeit in Geschichtslosigkeit zu sperren.

Was meinen Sie, Dr. Ranten, ob man solche Argumente zu meinen Gunsten wird vortragen können?

Nachschrift. Ich erinnere mich nicht mehr genau, ob ich vor Gericht gesagt hatte, daß ich ohne Tötungsabsicht geschossen habe. Ich habe ja aus Notwehr geschossen, das steht, glaube ich, im Protokoll. Ich habe nur geschossen, um zu verhindern, daß ausgemessen wird, wieviel Land zerstört werden muß, um die vorgesehene Zerstörung unterzubringen. Oder es sollte ausgemessen werden, wieviel Zerstörung es braucht, dieses Land vor dem Turm hier zu zerstören. Ich habe mich zu wehren versucht, nicht beabsichtigt zu töten. Es ist keineswegs beweisbar, daß Abwehr Tötungsabsicht bedingt. Auch nicht, wenn man schießt. Ich wollte ganz sicher die Landvermesser nicht töten, ich wollte nur ihre Vorleistung auf die Zerstörung verhindern. Sie können bei Gericht noch anführen, daß auch im Krieg Tötungsabsicht und Notwehr je Fall sorgfältig getrennt werden müßten, will man einem Soldaten nachsagen, er habe töten wollen. Und wenn man die Logik in meiner Argumentation einsieht, und sie ist leicht einzusehen, dann müßte sie gerade mir zugute kommen, ist doch die Überprüfung eines einzelnen Menschen auf Verhalten und Motive hin ohne jede Schwierigkeit durchzuführen.

Das haben Sie von Ottavio Falerno, zu Ihnen, Herr Frese, habe ich darüber nie gesprochen, und Ottavio Falerno habe ich berichtigt, als er mich gefragt hatte, ob ich denn hier, in diesem Turm, zu sterben beabsichtige, nein, habe ich gesagt, und ich weiß genau, was ich gesagt habe, nein, Ottavio, nicht sterben, aber nach und nach aufhören zu leben, denn das hier sei die Endstelle, die Stelle und das Ende seien eins. Die Gewißheit habe ich aber nicht davon, daß mir das gewiß wäre, ich habe sie vielmehr indirekt, nämlich davon, daß ich mir nicht vorstellen kann, hierher zurückzukehren. Und da ich mir keine Rückkehr vorzustellen vermag, bleibt auch die Vorstellung aus, daß ich weggehe. Somit werde ich bleiben. Auf der Stelle bleiben. Das Auslassen der Vorstellungskraft zurückzukehren, ist der Hinweis, daß man damit beginnt, zu leben aufzuhören. Zukunft läßt die Jalousien herab. Dem Blick ist Zeit entzogen. Sie versickert von da an aus einer Gegenwart, die undicht ist. Sie finden, ich redete zu viel von der Zeit, aber, Herr Frese, wir sind doch nur das, was wir in der Zeit sind, was wir aus Erinnerung und Hoffnung sind, nehmen Sie die Erinnerung weg, sind wir gewichtslose

Hoffnung, nehmen Sie die Hoffnung weg, ist ein jeder bloß seine Geschichte, und in diesem wie in jenem Fall bleibt Gegenwart, bleibt der Augenblick aus, und einzig er wird immer dem Tod entzogen sein –

Schade, daß ich Sie nicht habe kochen sehen, eingestimmt auf Pfanne und Terrine, Körner zählend, Duftendes verreibend, mischend, streichend, kostend, der Zunge nachdenkend, dem Nachgedachten nachwürzend, einen Teller spülend, einen Topf trocknend – wie geht das zusammen mit einem Mann, der zwischen einem verklemmten Brett und dem Fensterrahmen in den Himmel und auf die Wolken schaut?
Sie haben sich angesagt, mir damit die Gelegenheit gegeben; das hat nichts mit Brett und halbem Fensterhimmel zu tun; schon eher mit Menschen, die es aushalten, unterm ganzen Himmel zu leben, dabei gar nicht wissen, daß sie etwas aushalten, wenn sie ihn aushalten, sie gehen und kaufen ein, und das ist links oder rechts, und die Augen sind die anderthalb Meter über dem Boden, und anderthalb Meter über dem Boden sind die Waren, die sie betrachten und prüfen und untereinander vergleichen, links und rechts und anderthalb Meter vom Boden, der Himmel kommt nur als Freizeit und meteorologisch in Betracht, die Zerstörung hinauf, die ihn verstellt, wegnimmt, links, rechts, anderthalb Meter über dem Asphalt ist sie nicht sichtbar, fünf, sechs Tage lang ist sie nicht sichtbar, und am sechsten, siebenten, sie fahren vorbei, wo

der Himmel zerstört ist von der Erde her, hinaus fahren sie, sie nennen das aufs Land fahren, und sie fahren mit dem Anderthalbmeterblick links rechts, und links rechts ist gefördertes Wohnen, gespartes, erstickt zuckt Felder- und Wiesenatem in eckigem Grün, Weißfleisch, Rotfleisch, die Erholung am siebenten Tag, und links rechts und anderthalb Meter die verendeten Stämme entlang der Bandwüste aus Steinbruch und Staub, im Wald, sagen sie, wir sind im Wald, und über ihnen, die ganze Bandwüste hin über ihnen, klaffen die Stämme auseinander, auseinandergepreßt von den Maschinen der Forstaufschließung, schräg, der Ohnmacht nahe, sind Stämme und Wipfel, aber das sehen sie nicht, weil das Auto nur für rechts links und anderthalb Meter gebaut ist –
Sagen Sie, Aemilian, sagte Claire, Sie wollten doch sagen, daß die Nachbarn, ich meine, der Turm hat ja keine Nachbarn, aber die Leute drunten, daß die das eingekauft haben, was wir jetzt essen –
Verzeihen Sie, Claire, es war nur, weil Sie das gesagt haben vom verklemmten Brett und dem Himmel im halben Fensterrahmen oder so ähnlich, verzeihen Sie, aber es ist eben diese Einengung auf links rechts und anderthalb Meter, ich bin überzeugt, sie ist es, die alles darüber der Zerstörung übergibt, den Kranfiguren, die Schatten heraufziehen und Kreis an Kreis die Lichtlosigkeit machen –

Und warum hat es ein Turm sein müssen, Aemilian?
Ich habe nichts als mich; und diesen Besitz zu behalten, muß ich immer mehr abgeben, mich verringern, und dafür ist ein Turm die einzige – Szene, hätte ich beinahe gesagt, aber ein bißchen Geste ist sicher auch dabei, ein bißchen nur Österreichisches. Ich bin stiller Teilhaber an Verlusten, an Unmöglichkeiten, an – nicht Unfähigkeiten, aber am Unfähig-zu . ., beispielsweise dazu, Vergangenheit parzelliert zu sehen –
Als mein Vater tot war, sagte Claire, habe ich es mit einem Nachvater versucht, wie Sie ihn nannten, habe ich versucht, mich in kontinuierlichen Bestand einzukaufen, – der Preis war vergleichsweise günstig, es kostete nicht mehr als meinen Verzicht auf mich –
Eine Villa, ein Park –
Diese Villa, dieser Park, Aemilian, da bin ich das Geringere, bin weniger, ich bin eine Summe aus zweiundvierzig Jahren und, weil kinderlos, nicht vortragbar –
Auch mit mir hört es auf, sagte Aemilian, und er sagte, daß eben einer anfangen müsse, damit es aufhöre, und er sagte, daß er nicht gedacht hätte, daß auch Claire anfange aufzuhören, das nämlich sei seiner Meinung nach das einzig Richtige, aber es sei schwierig zu verbreiten, daß man aufhören müsse unter so einem Himmel voll von Kränen, schwierig aufzuhören, wiederholte Aemilian, hauptsächlich der Förderer wegen, überall nähmen Förderer überhand, aber Förderung, so die Meinung

Aemilian Karrners, sei die Ersatzhandlung der Zeit, oft auch ein kostspieliges Reue- und Sterbegebet, wenn Geschichte ein Staatsbegräbnis bekommt und Kräne und Arbeitsplätze das Spalier machen –

Hinter der Brettkante im Fenster rutschte von Stufe zu Stufe der Tag hinab. Das kam daher, daß dann und dann eine Wolke die Helligkeit vom Himmel nahm und, abziehend, sie wieder freigab, und gegenläufig, von Stufe zu Stufe hinan, rückte Dunkel von den Wiesen auf. Und so war Abend im Fenster, ein zweigeteiltes Dunkel, das des Brettes und das des erdunkelten Himmels darüber, und die Brettkante glich dabei einer Naht. Himmel und Gefangenschaft waren aneinandergenäht.
Aemilian Karrner entzündete eine Kerze.
Claire sagte: Retten wir uns also ins Kerzenlicht. Und sie sagte, daß sie an dem Tage, an dem sie ihren toten Vater unter Erde getan habe, und sie sagte es genau so, unter Erde getan, daß sie am Schreibtisch des Vaters sitzen geblieben sei, und genau in dem Augenblick, da zu Abend Sonnenrand und Hügelrand davor einander gedeckt hätten, habe sie eine lange Kerze angezündet und habe zugesehen, wie das Licht der Kerze gewann gegen die Helligkeit, die hinter der abgesunkenen Sonne verfiel, und sie habe beobachtet, daß die Kerzenhelligkeit den Raum hereinnahm, der Kerze näher brachte, und die Bücher, sagte Claire, die alten Lederbände, haben langsam in ihren Goldbuchstaben zu glänzen begonnen, und es schien mir zwi-

schen dem toten Vater und den Bänden, die ins Licht gerieten, eine Verbindung, ich kann es Ihnen nicht genau sagen, sagte Claire zu Aemilian, aber die Zeit schien in diesen Stunden, die ich nicht gezählt habe, zu rasten, es war eine Müdigkeit, in der die Kerze, die unregelmäßig bewegte Flamme, sich hinabzog, und als sie drunten war, am Tropfenfänger des Leuchters, bekam das Fensterkreuz seine Linien, drang es heraus aus Dämmer und Frühnebel, die sich ans Fenster legten. Und das war der Morgen, der erste ohne den Vater.

Sagen Sie, Claire, sagte Aemilian Karrner, warum besuchen Sie mich? Lege ich eins zum anderen, mir begreiflich zu machen, daß Sie jetzt hier sind – Sie lesen in der Zeitung, ich hätte vor Gericht angegeben, von Beruf Betrachter zu sein, es amüsiert Sie, Sie schreiben, daß es Sie amüsiere, es gibt ein, zwei Briefe, es gibt Erinnerungen, innerhalb deren sich die Briefe, obschon jünger in der Zeit, wie Ammoniten ausnehmen, Erinnerungen, Blick auf Blick, Einverständnis, Zugeständnis, die Zeile der Entschuldigung, Sie wissen, es war in und nach dem Konzert, aber dann war es an mir, zum größeren Teil, ich gebe es zu, ich suchte Sie, es war die Zeit, in der ich und Sie suchen eins waren, bis Mandelieu, da fiel ich in mich hinein zusammen mit dem Bild, das ich aus jenem Abend und der Nacht im Park und dem stummen Kranbogen im lichtlosen Morgen und den Autolinien, den abgesetzten Strichen in der Frühstille, hatte, ein zähes Elend zog sich daraus zusammen in mir, das rostige Einschnappgeräusch des Gartentors machte ein punktuelles Erwachen, nicht, daß ich aufgeschreckt wäre, eher war es so, daß dieses Gartentorgeräusch mich eingeklinkt hatte in den Tag, dem man auf Lärmlinien in die Zerstörungen folgen kann, in so einem Tag stand ich ohne den Abschied von Ihnen, und das, das war das Schlimme, der Abschied nämlich von dem, was man liebt; man kann das mitnehmen, was in dem Abschied ist, winken, die Hand, die winkt, das Gesicht, das zurückbleibt, etwas sanft Leuchtendes vorm Dunkelgrund des Zimmers, der Abschied macht ein Gedächtnis davon, es dauert herüber und hinweg über dem Geräusch aus Rost und einfallendem Gittertor –

Wir lieben doch einander und sagen es nicht; warum sagen Sie nicht, daß Sie mich lieben, Aemilian?

Weil dann, wenn ich dir das sage, ich daran denke, daß ich dir auch sagen muß, wann ich dich nicht mehr liebe. Die Angst vor der Liebe, die gewesen sein wird, macht mich stumm über der Liebe, die ist. Weißt du, ich sehe in sechsjährigen Kindern die alten Männer, die alten Frauen, die sie sein werden, ich sehe in allem das, was gewesen sein wird. Was gewesen ist, das besitze ich, das gehört mir; was gewesen sein wird, das ist Zukunft mit der Angst davor, daß es Vergangenheit wird. Vielleicht säße ich gar nicht in diesem Turm, hätte ich nicht ein derart kompliziertes Verhältnis zur Zeit, das ja eines zum Tode ist. Ich habe auch wahrscheinlich deshalb kein Besitzverhältnis zur Gegenwart, ich kann ihrer nicht habhaft werden, ich schaue zurück und schaue voraus, als schaute ich zurück, Augenblicke gleiten mir hinab, als seien sie Körner, immer und immer auf die irgendwo oben beginnende Bahn geschüttet irgendwohin nach unten, wo sich alles sammelt, und das besitze ich dann. Was ich sehe, spüre, ich sehe, spüre es erst, wenn es Erinnerung geworden ist. Und Erinnerung, liebe Claire, hat Vergangenheit zur Voraussetzung –

Du warst bei mir im Haus, Aemilian, wir sind miteinander im Garten gegangen, du hast erzählt, ich habe erzählt, und wenn ich sage, wir hatten einander verstanden, so war es eben das, daß unsere Erinnerungen zueinander paßten, paßten, als seien es unsere gemeinsamen Erinnerungen, und wir erinnerten uns gegenseitig wie es unter zwei Menschen ist, die sich miteinander erinnern. Ich habe dich beobachtet, ich habe gesehen, wie nervös verspannt du warst, alles, was wir sehen, von hier aus sehen können, hast du gesagt, ist Symptom für Zerstörung, es gebe nichts, was man nicht auf Zerstörung zurückführen könnte, und da war dieser einzige Augenblick, waren die paar Atemzüge, daß der Nachtlärm aussetzte, und in dieser kleinkleinen Stille schrie ein Kauz, und als ich dich ansah, sah ich, daß du heiter warst, und da hätte ich dich in die Arme nehmen wollen, aber ich habe zu lange gezögert, obschon es nur Sekunden waren, du bist in die Richtung gegangen, ein paar Schritte hast du in die Richtung gemacht, aus der, wie es schien, dieser Vogelruf gedrungen war, und ein Zeichen, hast du gesagt, die Leute sagen, das sei ein Zeichen.. Irgendwann sind wir dann in den Salon

gegangen, und irgendwann bin ich in mein Schlafzimmer gegangen, aber ich habe mich nicht niedergelegt, ich habe nicht geschlafen, ich habe dich im Garten beobachtet und habe geglaubt zu sehen, was du denkst, was dich bewegt, und habe mir vorgestellt, wie es wäre, wenn du mich suchtest, wenn du ins Haus zurückkämst, und ich hätte, ja, diesmal hätte ich vorgesorgt, daß du keinen Schritt mehr machen kannst von mir weg, aber du bist schließlich ans Tor gegangen, hast es nicht sogleich öffnen können, ich habe dann gehört dieses Geräusch aus Eisen in Eisen, leicht angerostet, und habe den Schlag gehört, der das Tor schloß, ja, Aemilian, ich stand dann noch und stand, und es nahm mich ein, schmerzend und wie bodenlos . .
Und Sie haben den Besitz absichern können? fragte Aemilian Karrner.
Ja, sagte Claire, zwei Wochen später machten die Anwälte den Vertrag.

Aufschreibung im Sinne der therapeutischen Empfehlung Dozent Dr. Gotthold Freses:

Mit dem Brett, das ich zwischen den Fensterrahmen geklemmt habe, mit diesem verfrühten Brettdunkel kommt wieder die Isolatorenangst der Kindheitsnächte zurück, die Isolatoren, weiße Porzellanknöpfe, enggestellt, Halt und Sicherung den mauerentlang gelegten Drähten, diese weißen Knopf- und Glotzaugen, weißkalte Augen, Licht und Widerlicht aus Kalk und Mond, Wandkalk und Mond, kein Traum machte diesen Kahlaugen

Lider, schloß diesen Starrblick, mit der Finsternis, die dem gelöschten Licht nachfiel, bekamen diese Isolatorenaugen den porzellanenen Blick – Mutter, schrie ich, Mutter, gegen diesen Blick, vor dem kein Kissen, keine Decke schützte –
Das Dunkel kommt jetzt wieder mit Porzellanaugen; und ich stelle mich ihnen Aug in Aug; und trotz meiner Angst bin ich imstande, stumm zu bleiben.

Herausgehoben haben einen Tag, nicht gewußt haben, welchen Tag wir haben, herausgehoben haben den Tag, dem Tod Glück in Zahlung gegeben haben, den Schlaf gegen die Tür gelehnt haben, gegen die Tür gelehnt haben, gegen die Tür . .

Lichtverbrennung, damit der Trauer das Moor bleibt, ungeschädigt von Amselruf.

Das Jahr zieht sich zusammen. Die Jahre ziehen sich zusammen. Wahrscheinlich zieht sich das Jahr zusammen, weil sich die Jahre zusammenziehen. Ein Atemzug, vielleicht ein Blick, wenn sich alles zusammenzieht.

Ich glaube nicht, Ottavio Falerno, daß das Denkmalamt im Recht ist und ein Verfahren gegen mich einleiten könnte; das Brett im Fensterrahmen ist doch keine bauliche Veränderung im Sinne des Schutzgesetzes; mein Turm, Ottavio, ist ein Turm, kein Denkmal, das heißt, das Brett widerlegt die Auffassung des Amtes, daß der Turm ein Denkmal sei, ein Denkmal nämlich ist ein Mal des An-

gedenkens, ein Halt dem Gedächtnis, ein Denkmal hilft gedenken, es ist außer Zeit gestellt und so auf die Zeit verweisend, in der es noch nicht Denkmal, sondern es selbst, beispielsweise Turm war, Wehrbau, der die Rechnung machen half, wenn man die Summe zog aus Gewißheiten und Befürchtungen. Das Brett im Fenster gibt den Turm dem Turm zurück, mein Brett macht ihn wieder wehrhaft, er hat Wert und Stelle in einem Widerstand, mit seiner Hilfe sperre ich Wahrnehmung aus, in freiem Sichtfeld wäre ich geschlagen, der Turm, das Brett im Fenster des Turms, decken meinen Rückzug, so voll Leben macht eben dieses Brett den Turm –
Es hat Ärzte gegeben, die haben ein Verfahren, eine Sonde, ein Medikament an sich selbst erprobt und die Veränderungen in ihren einzelnen Phasen aufgezeichnet; und es hat Kranke gegeben, unheilbar Kranke, die von dem Augenblick der Gewißheit, unheilbar krank zu sein, den Ablauf zum Tode hin sehr genau beschrieben haben, und experimentierende Ärzte und heillos Kranke hatten sich bemüht, beobachtend und beschreibend Grenzerfahrungen zu verfeinern, Ärzte natürlich erst von der Erkenntnis an, daß der Versuch mißlinge, schließlich ist es ja nicht Geschäft des Arztes, Grenzen nach dem Tode hin am eigenen Leben abzutasten – ich erwähne das, damit man mich nicht mißversteht. Ich habe nicht vor, den Grenzen meiner Lebensmöglichkeit auf die Spur zu kommen und diese Spur schreibend nachzuziehen, was hätte ich auch schon von so einer Verrücktheit, gesund wie ich bin, nun ja, ich könnte, wäre ich

und wären die Umstände interessant genug, mich beispielsweise von einer Illustrierten dafür bezahlen lassen und mich selbst komfortabel und vor allem gastronomisch exzellent zu Grabe geleiten, wehe aber, wenn ich es mir zuletzt anders überlegte und die Redaktion um meinen Tod brächte, ich wäre dann lebenslang verschuldet und ginge im Asyl, literarisch nicht existent, zugrunde. Nein, Ottavio, ich will etwas ganz anderes. Ich will warten, zuschauen, wie jemand, nämlich ich, der sich und sein Leben möglichst weit weggetragen hat, nicht von den sichtbaren Zerstörungen, sondern von allen Flächen, die amtlich der Zerstörung gewidmet sind, wie so jemand von Zerstörung eingeholt wird. Ich sehe zu, wie die Felder abnehmen, in Wälder die Leere einbricht und mit einem Male ein ratloser Himmel darübersteht, ich möchte die Schubraupen stottern, die Steine aufeinander und die Trümmer auf alten Stämmen aufschlagen hören, die davon in den Wipfeln zittern, ich will, und ich werde nicht mehr auf sie schießen, die Landvermesser an ihren Instrumenten sehen, die Landvermesser, die Vorhut der Zerstörung, ich versuche ihren Blicken zu folgen, versuche aus der Stellung ihrer Instrumente, aus der Reihung der Marken, die sie verwenden, mir eine Vorstellung zu machen von dem Ausmaß der Zerstörung – Ottavio, die flächengewidmete Katastrophe habe ich in ihren Ausmaßen nie erraten. Und ich lauere im Lokalfunk den Siegesmeldungen aus den Gemeindestuben auf, den Prozenten und Steigerungen derselben, in welchen die Zerstörung Statistik wird. Ich weiß, Ottavio, daß wir verloren sind, daß diese Generation die erste wirklich verlorene Generation ist, weil sie den Besitz aus Jahrhunderten verliert, und das, Ottavio, das möchte ich mitansehen innerhalb eines Wahrnehmungsfeldes, das ich, mache ich aus Zeigefingern und Daumen einen Rahmen, mit der Hand, mit meinen Händen umspannen kann. Und wenn das alles auf mich, auf diesen Turm zugekommen sein wird, werde ich nicht mehr in diesem Turm sein und zu sehen und zu hören aufhören. Das wird sehr bald sein. Der Stützpfeiler vor meinem Ausblick reicht bereits ans Fenstersims. Ich werde noch ein Brett, ein Brett über dem Brett im Fensterrahmen, verklemmen.

Es ist schon fünf Uhr, sagte Aemilian Karrner, als er mit Dozent Dr. Gotthold Frese vor das Tor ging, fünf Uhr früh, und lauter Finsternis, davor habe ich immer Angst gehabt, vor dieser Finsternis ohne Ende, auf der Uhr ist es sechs, halb sieben, und nichts ändert sich über den Straßenlaternen, manchmal macht ihnen der Nebel einen Kranz herum, ich habe oft vom Fenster aus über so einem Straßenlicht gewartet, ich wollte den Tag kommen sehen, die Frühe, denn die war sehr selten da, wenn mich die Mutter geweckt hatte, aufzustehen, mich zu waschen und Kakao zu trinken, unterm Dämmer sah man gegenüber nassen Schnee auf dem Ziegeldach, wieder hatte ich diesen Tausch zwischen Finsternis und Frühdämmer verpaßt, mir war kalt, Müdigkeit war trocken in den Augen, und über dem Kakao fiel mir ein, daß wir in der ersten

Stunde Turnen hatten, immer hatten wir Turnen, wenn ich müde war und die Augen schmerzten, und mir fielen Bodenöl und Staub und Schweißgeruch ein, und auf der Straße waren die Schritte, diese hastigen Schüler- und Angestelltenschritte, und die Räder, die Nässe herauf- und hinunterdrehten, das meiste Licht hatten die Milchgeschäfte, Molkereigeruch und Rolläden hinter dir und, lauter, vor dir, und die bremsende Straßenbahn, Schokolade-Nachgeschmack wie faulend im Munde, der Tag war nicht zu erwarten, die Turnstunde war schneller, erst in Latein machte sich vor dem Fenster etwas abgestandener Helligkeitsbelag breit, verfloß dünn breiig an den Häusern gegenüber, aber drunten, so war mir, hing schon wieder Finsternis dran, November, vielleicht, dachte ich, daß es mir morgen gelingt, den Tag langsam aus Finsternis auskriechen zu sehen –
Und Aemilian stand im Tor und unter dem Würfellicht der Torbeleuchtung und hatte den Abschied Herrn Freses in der Hand, und ein Zaun, der sich verdünnte, war vorm Torlicht, gegen die Finsternis, die den Morgen nicht herausgab . .

Warum die da Bretter vor die Fenster getan haben, sagten die Spaziergänger am Sonntag, die der Betonpfeiler nicht störte, weil sie gewohnt waren, spazierenzugehen, wo sie spazierengegangen waren mit ihren Eltern, unglaublich, was man dort zusammen mit den Eltern unternommen hatte am Sonntag, noch das jüngste Liebespaar trägt an der Hypothek von Elternsonntagen, Schneeglöckchen

gehören dazu und Palmkätzchen und angegilbtes Laub im Herbst –
Warum die da Bretter vor den Fenstern haben, sagen sie, und einer macht eine Leserzuschrift an die Zeitung –
Das Amt nimmt Stellung; es habe das Amt für Denkmalschutz, so beehrt sich das Amt mitzuteilen, jegliche Veränderung an dem in Rede stehenden Objekt mit Erlaß vom unter Zahl, und da sind Ziffern, und es sind so viele, daß man Querstriche braucht, sich die Ziffern zu merken, die das Amt eine Zahl nennt, und unter dieser mit den Ziffern sei es verboten –
Am Betonpfeiler der Auffahrt zur Umfahrung essen die Leute Wurstbrote und trinken Bier oder Coca-Cola, sie lehnen sich an den Betonpfeiler, hier ist es windgeschützt, sagen sie, ein warmer Tag, sagen sie, ein Geschenk um diese Jahreszeit, wer weiß, wie es nächsten Sonntag sein wird, zweifelt einer, im Radio hätten sie durchgegeben, ein Tief, eine Tiefdruckrinne erstrecke sich, und das gibt Schnee, sagt einer, man muß es ausnützen, sagt ein anderer und rückt sich zurecht im strohfarben dürren Gras, Kinder werfen den Ball gegen den Betonpfeiler, er prallt ab, sie fangen ihn auf, werfen ihn zurück, schade um den Turm, sagt einer, seit der Pfeiler dasteht, schaut er viel kleiner aus, der Pfeiler geht hinauf, der Turm hinunter, so ein Blödsinn, sagt einer, wo doch der Turm schon ein paar hundert Jahre da ist, aber was nützt das, sagt einer, wenn die Autos neben dem Dach vorbeifahren, früher haben sie aus dem Turm hinunter-

geschaut auf die Straße, heute kannst du ihnen zum Fenster hineinspucken, vielleicht haben sie deshalb die Bretter vor den Fenstern, sagt einer, und einer sagt, daß man jetzt nicht einmal mehr in einem Turm sicher sei –

Wind fiel ein, feucht, kalt, wie schattseitig gelagert gewesen. Es wird kalt, sagt jemand, und daß du dich nicht verkühlst, und nimm den Pullover, und zieh die Jacke an, und gehen wir, und das könnt ihr alles liegen lassen –

Der Betonpfeiler und das Umfahrungsstück, sie haben etwas von einem alten Pilz, dieser hinabgezogene Umfahrungsbogen auf dem Strunk von Beton, Wind, an ihm vorbeifallend, Grau aus Lichtlosigkeit, Geruch nach Herbstschnee im Wind –

Und mit verbundenen Augen der Turm.

Aemilian, diesmal wollen wir einander den Abschied nicht schuldig bleiben, ich nicht Ihnen, Sie nicht mir. Sie hatten mich an jenem Abend gefragt, warum ich Sie besuchte, warum ich hier sei, in Ihrem Turm. Ich erinnere mich, nicht geantwortet, wohl aber gesagt zu haben, daß wir einander lieben, und Sie gefragt zu haben, warum Sie nicht sagen, daß Sie mich lieben. Und in diesen beiden Sätzen war begründet, weshalb ich Sie besucht hatte. Es war mir, als sollte ich etwas, das ich schon entschieden hatte, als sollte ich mein Leben noch einmal auf die Probe stellen, ihm eine Chance geben mit diesem Besuch. Nicht Sie, Aemilian, sondern mein Leben, das ich mit einem notariellen

Akt der Obsorge – oder soll ich sagen: Fürsorge? – des *Nachvaters* zu übergeben im Begriffe war. Im Begriffe. Und trotzdem suchte ich das Loch in dem Entschluß, und mir damit die Chance. Sie sagten, Aemilian, Sie wollten nicht sagen, daß Sie mich lieben, um nicht einmal sagen zu müssen, daß Sie mich nicht mehr lieben. Mein Freund, wie beklagenswert, die Gegenwart zu verspielen aus Angst, die Zukunft nicht gewinnen zu können; einem Gefühl, das jetzt ist und jetzt wirklich ist, sich zu verweigern, weil Wahrhaftigkeit einmal Sie nötigen könnte einzugestehen, daß Sie sich dieses Gefühls mehr erinnern, als daß Sie es fühlen; wie arm, jetzt und hier nur das zuzulassen, was Dauer verspricht, Besitz; wie leben Sie, Aemilian, wenn Sie sich scheuen, Erinnerungen zu machen, die doch alle einen Irrtum zum Schatten haben?
Diesem Abschied möchte ich aber ein Willkommen beigeben: Seien Sie gewiß, Aemilian, das Gartentor wird, sooft Sie zuzukehren wünschen, offenstehen; und da es offensteht, werden Sie nicht darauf achten, werde ich nicht darauf achten auf dieses Geräusch, Eisen in Eisen, du erinnerst dich, als du weggegangen warst –

Claire

Claire, da Ihr Brief mich dazu verpflichtet, werde ich Ihnen den Abschied nicht vorenthalten, nicht schuldig bleiben, wobei ich nicht mehr weiß, wer, Sie oder ich, einmal von diesem rituellen Vergangenheit-in-der-Gegenwart-Machen gesprochen hat, von diesem Ab-jetzt-und-hier, dieser Entschlie-

ßung zur Kerbe in der Zeit, zu dem Vergangenheits- und Erinnerungsbeginn . .
Sie besitzen. Was Sie besitzen, ist beschreibbar, steht im Grundbuch, man kann eine Ansichtskarte davon herstellen. Und Sie können es halten, in den Einzelheiten seiner Form erhalten. Sie sehen in dem Besitz, in dem Erbe die und die Epoche, Leute, die Jahrzehnte, Jahrhunderte besitzen, denken diese in ihrem Besitzdenken mit. Tradition braucht Grund und Boden. Den Glauben an Kind und Kindeskinder. Deshalb, Claire, sucht Ihre Liebe noch im notariellen Akt das Loch.
Ich besitze nichts. Und verliere trotzdem. Täglich. Jede Wahrnehmung ist eine Wahrnehmung von Verlust. Das Haus dort gehört mir nicht, der Baum dort gehört mir nicht; und trotzdem nimmt ihn mir die Schubraupe weg, stürzt er aus meiner Empfindung.
Ich liebe Sie, Claire. Diese Liebe aber müßte in Erdlöcher gehen, zu überdauern. Meine Hoffnung ist die auf Vernichtung der Vernichtung, auf die Zerstörung der Zerstörer.
Claire, dieses Eisengeräusch damals, rostig, in Angeln und Torschloß, Sie erwähnen es, und ich erinnere mich – nein, Claire, ich möchte nicht mehr durch dieses Tor zum Tee kommen . .

Aemilian

Aufschreibung durchaus nicht im Sinne Ihrer therapeutischen Empfehlung, Herr Dozent Dr. Gotthold Frese; die hatte nämlich, ich meine die jeweilige Aufschreibung, keinen anderen Sinn als den, daß ich sie aufschrieb; der lag einzig im Aufschreiben, in der Schreibbewegung, die zu Gedanken eine Bewegung machte, die ich sehen, den anderen Tag noch anschauen konnte. Aber da war nichts Therapeutisches, nichts, das geheilt, etwas in mir geheilt hätte. Ein Schmerz, der mich schmerzt, dessen Ursache aufzuschreiben, macht keine Rekonvaleszenz, es macht vielmehr eine deutlichere Helligkeit, betreffend die Ursache, eine detailliertere Übersicht; nicht ich bin es, Herr Dozent, der in Klarheit seiner Ungeklärtheiten sich zu entledigen hätte, ich bin mir ohne Rest, ich leide an überprüfbaren Veränderungen, die sich mir als Zerstörungen wahrnehmbar machen, es fehlt mir nur an der Fähigkeit zur Übereinstimmung mit Zerstörung und Zerstörern, an der Bereitschaft, Vernichtung in einem nicht paraphierten Gesellschaftsvertrag mitzudenken. Es wurde getötet, gemordet, geschleift, in Sklaverei abgeführt, verkauft – sicher, Geschichte ist eine des geschütteten Blutes und des Triumphes derer, die es hinschütteten; doch keiner dieser Töter, dieser Brandleger, tötete, brandschatzte, zerstörte, vernichtete mit dieser Fürsorgephysiognomie, diesem sozialen Papiergesicht, Vernichtung war Vernichtung in den *guten Zeiten der Vernichtung;* jetzt hat Vernichtung eine Verwaltung und *berechtigte Interessen,* die schinden Erbe und Erde und Geschichte, Gegenwart schindet Vergangenheit, und wenn die Schinder die Rechnung machen, hat das Glück Zuwachs und Prozente – und über all dem, Herr Frese, soll meine Aufschreibung therapeutisch sein?

Postscriptum einer Aufschreibung. Es verwundert mich, Herr Dozent, daß Sie noch nicht auf den Gedanken gekommen sind, ich sei auf den Gedanken an Selbstmord gekommen, ich hätte noch nicht die Pointe der Zurücknahme meiner selbst entdeckt, die *hinter* dem Turm läge und die nicht mehr symbolisierbar wäre in einem historischen Bauwerk. Die eigenhändige vorzeitige Beendigung eigenen Lebens, sie wird mit dem Terminus *Mord* denunziert und unzulässig kriminalisiert: Mörder seiner selbst, Mörder, man unterstellt, daß einer zwei sein könne, Subjekt und Objekt in einer Person, woraus man folgert, daß ich gegen mich zu schützen sei, damit ich nicht an mir straffällig werde. In der Anerkennung des sogenannten Selbstmordes als eines Deliktes anerkennt die Rechtsprechung die Schizophrenie als bürgerlichen Fall. Nur, Herr Dozent, die Kriminalität der Zeugung bleibt undefiniert – oder hat man jemals gehört, wieviele Jahre welchen Kerkers auf fahrlässiger Zeugung stünden? Und sie zu kriminalisieren läge nahe, erwägt man den Schaden, den Gezeugte verursachen, denn nur Gezeugte können zerstören, nicht mehr jedoch die, welche ihre Jahre mittels eines Giftes oder eines Strickes limitieren: Ich meine, der sogenannte Selbstmörder verdiente allen Beifall seines Charakters wegen, da die Glaubwürdigkeit, an Zerstörung nicht teilnehmen zu wollen, den sogenannten Selbstmord voraussetzt, indes Zeugung in dieser Zeit nur Zerstörer, Vernichter hervorbringt; gleichviel, welchen Beruf sie wählen, sie werden etwas vernichten und werden dafür bezahlt, und sie werden es nicht bemerken, sie werden mittags heimkommen und essen und vom Urlaub reden und wohin sie am Sonntag fahren werden –

Im letzten Brief des Grafen, sagte Ottavio Falerno, ist ein Passus, der Ihnen nicht unangenehm sein dürfte, nämlich der: .. sagen Sie diesem seltsamen Turmbrüter, daß er meine Sympathie hat. Und daß ich ihm sein Nest zu erhalten wünsche, auch wenn man ihn einige Zeit gerichtlicherseits übersiedeln sollte. Und sagen Sie ihm, daß ich ihn beneide. Und daß ich hier nur deshalb Wirtschaft mache, weil ich dort nichts machen kann. Eine musische Pygmäenrepublik, die in Prospekten, nicht mehr aber in Geschichte vorkommt. Und sagen Sie unserem Freund, daß man in diesem Lande nur leben kann, wenn man sich die Antwort auf die Frage, warum man dort lebt, schuldig bleibt –
Pause.
Sind Sie sich diese Antwort schuldig geblieben?, fragte Ottavio Falerno.
Man kann in diesem Lande unauffällig aus dem Lande gehen, sagte Aemilian Karrner.

Es war das einzige Mal, daß Aemilian Karrner über eine Aufschreibung das Datum setzte und daß er sie nicht mit dem Satz begann, es sei eine Aufschreibung im Sinne der therapeutischen Empfehlung Dozent Dr. Gotthold Freses – Aemilian Karrner schrieb nur:

22. November, fünf Uhr siebzehn Minuten, und unter diesem Datum reihte er Sätze, es war, als

seien sie von ihm liegen lassen worden, und nun reihe er sie, wie manche Hölzchen reihen nach Länge oder Dicke, des Musters wegen, das sie auf dem Tische machen –

Es ist, daß die Nacht Geräusche verliert

Der Abend sammelt lärmende Heimkehr ein

In Fetzen hängt Dunkelheit zwischen Arbeitsstätte und geduldigem Bier

Ich bin eingemietet, ich mietete mich ein, um mich aufzuschieben

Die Nacht, sterngefleckt, der Mond, televisionell gebleicht, ich werde vor Nacht und Mond noch ein Brett in das Fenster klemmen

.. ich werde gegangen sein: futurum exactum, Zukunft, die des Vergangenheitsgehaltes bedarf, Zukunft zu sein; Vergangenheit, was einzig exakt ist an der Zukunft

Morgen wird vor Gericht dieser Frese mich mir zu entwenden versuchen – ein Fall einfacher Zukunft ohne Vergangenheit, also ohne Zukunft auch

Ruhe, aus der man sorgfältig alle Hoffnungsspuren entfernt

Konjunktiv, fällt mir ein, Conditionalis, fällt mir ein, Claire fällt mir ein

Eine sehr sorgfältige Anamnese und die dynamische Analyse seines Verhaltens und seiner Motivation lieferten, was noch zu erhärten sei, den Beweis, daß Aemilian Karrner seit langer Zeit und trotz scheinbarer Anpassungsfähigkeit in der privaten Welt eines Geistesgestörten lebe und daher für Gesetzesverletzungen nicht zur Verantwortung gezogen werden könne .. Es war nicht geschickt von Dozent Dr. Gotthold Frese, daß er den Endzweck seiner Erläuterungen an den Anfang holte, das Gericht schien sich allmählich und diskret in eine Absenz seiner selbst zurückzuziehen, aus der es erst wieder in die Anwesenheit einzutreten bereit war, wenn der Punkt nach dem letzten Satz des Psychiaters, verstärkt von dem geläufigen satzendlichen Schweigen, würde hörbar werden. Dieses Verhalten hilft der Justiz, sich zu beweisen, ihr simples Verhältnis auch zur Wirklichkeit aus Gesetz, Täter und Urteil, das dem Bürger die Unterscheidung von Gut und Böse abnimmt, Verständnisanstrengung ihm einspart, weil es in jedem Zweifelsfall den Rekurs auf Legalität gewährleiste .. Analytiker machen da die Beute streitig. Die Erklärung dafür, daß ein Verhalten hat so sein müssen und nicht anders hat sein können, die differenzierte Auseinanderfaltung der Motive einer Handlung, einer Tat, hat Appellfunktion, appelliert an mitmenschliche Resonanz, das Delikt wird verständlich, begreiflich, dadurch wie entkriminalisiert, der Gesetzestext nimmt sich als unangepaßt aus, die Motivanalyse führt zum Gewichtsverlust der Tat, schließlich sogar zur Denunziation des Gerichtes als einer abstrakten Instanz –

Der Gutachter, sagte Dozent Dr. Gotthold Frese, wolle sich in erster Linie auf die eigenen Aufzeichnungen des Angeklagten stützen, die ihres tendenziösen schizoid-narzißtischen Charakters wegen der Interpretation bedürften. So beteuere der Angeklagte schon anfangs seiner Aussage, und dies gegen den Effekt, daß er gezielt geschossen habe. Da erwiesen sei, daß aus diesem Schußwinkel keiner der Landvermesser hätte getroffen werden können, müsse diese Selbstbezichtigung des Angeklagten als Bedürfnis der Selbstbestrafung gedeutet werden . .

Sie waren doch dabei, sagte Aemilian Karrner zu Ottavio Falerno, Sie haben doch diese Talare dämmern sehen, den Oberlandesgerichtsrat und die neben ihm, und wie die Leute im Saal hinausgegangen sind, einer nach dem anderen, als hätte es sich ein Regisseur ausgedacht, nach jeder Phrase des Frese – Phrase des Frese, wie das zusammenstimmt –, ich muß ihm ja dankbar sein, die ganze Branche der Analytiker, sie treiben ihr Geschäft sicher zugunsten des Menschen, für den sie es treiben, eine humane Branche, sicher, aber doch eine indezente Zunft, insgesamt, feinnervige Rüsseltiere, man muß ihnen Zucker geben, gut sein zu ihnen, wenige sind so erfreulich anstößig für die, die lauter Sicherheit zu haben meinen, weil sie Texte haben, ich mag die Analytiker mit ihrem Kampf gegen die Schriftgelehrten im Talar, und trotzdem ist mir nicht völlig wohl, sie lassen nichts dahingestellt, und etwas dahingestellt sein zu lassen, ist nun einmal ein Kriterium für Kultur –
Die Hauptsache, Sie werden freigesprochen, sagte Ottavio Falerno. Nein, sagte Aemilian Karrner,

und er sagte, verzeihen Sie, daß ich nein sage, ich will ja keinen Freispruch, ich wünsche geradezu einen Schuldspruch, in dem Schuldspruch nämlich identifiziert sich das Gericht mit den Vernichtern, den Zerstörern, auf deren Posten, die Landvermesser, ich geschossen habe. Ich möchte mit einem Schuldspruch, einer Verurteilung bestätigt werden. Und deshalb hasse ich doch den lieben Frese, weil er mich verwischen möchte, er möchte mich tolerierbar machen für die Vernichter- und Zerstörergesellschaft, indem er das Pathogene meines Verhaltens *gutächtlich* vor das Toleranzauge eben dieser Zerstörergesellschaft bringt, deren Zuhälter die Gerichte sind.

Sehr geehrter Herr Dozent Dr. Gotthold Frese – die umständliche Anrede mag Ihnen Distanzierung avisieren, Distanzierung als höfliche Form, Ihnen von einer Verletzung mitzuteilen, der ich Ihren beruflichen Auftrag zugute halte –
Ich habe hören müssen, daß *die Geschichte der Beziehung zu Claire* – wer erlaubt Ihnen, von *Geschichte*, von *Beziehung*, von *Claire* zu reden, die Dame heißt für Sie Madame Claire Fargue – ich habe hören müssen, *daß die Geschichte dieser Beziehung bald erzählt sei*, sie für einen Psychologen aber das Leben umfasse, die Geburt und den Tod, nämlich des Aemilian Karrner, da er jene Dame so sehr bewunderte, daß er diese Bewunderung aufschrieb, dergestalt man, in Kenntnis meiner *schizoiden Isolation*, ihr große Bedeutung beimessen müßte. Hier, sagten Sie, sei vielleicht die Mög-

lichkeit einer Normalisierung des Selbstwertgefühls gegeben gewesen, und umso tragischer, sagen Sie, sei für mich die Selbstaufgabe Madame Claire Fargues gewesen, die den Schlüssel zu dem Turm gehabt habe . . und ich habe hören müssen, daß Sie gesagt haben, ich hätte Claire, ich meine Madame Claire Fargue, geliebt –
Herr Dozent, ich weiß nicht, ob der Begriff Dame analytischer Ambition Grenzen setzt, wenn nicht, wäre ich für eine Selbstbeschränkung des Analytikers in öffentlicher Verhandlung dankbar.

Aemilian Karrner

Die Verteidigung, sagte Verteidiger Dr. Coelestin Ranten, mache sich die *gutächtlichen* Ausführungen Dozent Dr. Gotthold Freses zu eigen; ich meine, sagte der Verteidiger, die Qualifikation des Angeklagten als *borderline*-Persönlichkeit, als Grenzfalles; den Hinweis auf Profitdenken, Leistungsprinzip, Konformismus, welche Determinanten dieser unserer Gesellschaft solche gestörten Menschen geradezu züchteten; das Problem der Kommunikation, das vorliegenden Falles bis in die Intimsphäre verfolgbar sei, so etwa, wenn seinem Mandanten in dem Exkurs über den Beischlaf das Miteinander in ein lokales Beieinander zerfalle; schließlich verweise er, Dr. Coelestin Ranten, auf die als kontaktlos und solipsistisch interpretierten Aufschreibungen seines Mandanten: er setze Wirklichkeit, eben die des Schreibens, gegen Wirklichkeit, eben die, über welche wir im Konsens sind.

Diese pathologische Wirklichkeit, Hohes Gericht, die des Mandanten, werde mit den Aspekten unserer entsetzlichen *wirklichen Wirklichkeit* nicht fertig, in welchem Verhaltensmangel er, Dr. Coelestin Ranten, allerdings nicht ausschließlich Pathogenes zu sehen vermöge, sondern auch ein Moment noch nicht korrumpierter Urteilskraft. Denn, Hohes Gericht, die Genesis eines Verhaltens, einer Handlung, erlaubt nicht, Wahrheit und Richtigkeit zu beurteilen: der Fortschritt, der wen, was und wie zurückläßt; der Kran, der unter dem Himmel kreist – Hohes Gericht: wer ermißt, was, wer, wie zurückgelassen wurde, wann, über wem der Kran kreist, und wann und wo all dies rechtens, gedeckt von Gesetzen, geschieht? Gesetzesbeugung, abgedeckt von hurtigen Gesetzen, Feigheit, Korruption, die Selbstdevastierung einer Gesellschaft, die den Fortschritt einzig in Quantenschritten materieller Produktion mißt und feiert und die alle Macht, alles Recht dazu vom Recht der Summe ihrer Mitglieder ableitet, welche Macht, welches Recht jedoch an feige, korrupte, profitorientierte Funktionäre sie delegiert – Hohes Gericht, ob mein Mandant mit seinen Schüssen getroffen hat oder hätte, ob er getroffen hat oder nicht hätte treffen können, wie die Expertise des Sachverständigen ergab – ich glaube, daß für meinen Mandanten Kontaktlosigkeit Schicksal, Solipsismus Rettungsideologie sind. Demnach ist mein Mandant freizusprechen.

Aemilian Karrner wurde von der Anklage wegen *versuchten Mordes an Landvermessern* freigesprochen, *wegen unbefugten Waffenbesitzes* hingegen zu einer Geldstrafe, im *Nichteinbringungsfalle* zu Haft verurteilt. *Der Staatsanwalt gab keine Erklärung ab.*

Seit Aemilian Karrner das dritte Brett in den Fensterstock geklemmt hatte, mußte Anna Schoiberer immer Licht machen, wenn sie ins Zimmer ging, obschon die Mittagshelligkeit des November zwei Fugen hatte, das Tagdunkel vom Nachtdunkel unterscheidbar werden zu lassen. Die Schoiberer sagte nichts dagegen, einmal, sicher nach dieser Gerichtsverhandlung, würde da nichts mehr mit Brettern verschlagen sein, war ihre Meinung, ihre Hoffnung. Und sie hatte Licht gemacht und eine Torte gebacken, und Astern, weiße und violette Astern, in einen Krug zu der Torte auf den Tisch gestellt und auf ein Stück Pappendeckel, das sie ausgeschnitten hatte, die Hilfslinien für einen geraden Schnitt waren noch zu sehen geblieben, hatte sie geschrieben: *Gott segne Ihnen und sollen Ruhe haben und ein Heim Anna Schoiberer.*

Und jetzt gehen wir in den Turm, sagte Ottavio Falerno, und Dr. Coelestin Ranten sagte, daß man Champagner trinken müsse auf den Freispruch, und Dozent Dr. Gotthold Frese sagte, daß das nun ausgestanden sei. Und so gingen sie, und Aemilian Karrner ging mit ihnen, er mit ihnen, nicht sie mit ihm, an dem es doch gelegen gewesen wäre, zu sagen, gehen wir in den Turm, aber Dr. Coelestin Ranten schwang die Champagnerflaschen, in jeder Hand eine, und von diesem Schwingen der Arme wurden seine Schritte größer und schneller, und er war der erste am Turm und im Zimmer, und als sie alle drinnen waren, sagten sie, Aemilian Karrner ausgenommen, weg jetzt mit den Brettern, und Dr. Coelestin Ranten riß an den Brettern, brachte sie aber nicht aus den Fensterrahmen, die stecken fest, sagte Aemilian Karrner, ja, sagte Dozent Dr. Gotthold Frese, das sind ja auch keine Bretter, an denen Sie werkeln, Herr Ranten, drei Bretter, sechs Bretter gegen die Welt, das ist eine Weltanschauung, haha, machen Sie den Champagner auf, Herr Falerno, der wird guttun, und schauen Sie, sagte Dr. Coelestin Ranten, die Torte da, wie aufmerksam, rührend geradezu, und der Spruch auf der Tafel, er las den Satz laut und ein zweites Mal, wirklich rührend, sagten nun alle, Aemilian Karrner ausgenommen, und Dozent Doktor Gotthold Frese sagte etwas von emotionalen Restbeständen und intakter Kommunikation, und es hatte nicht geknallt, als Ottavio Falerno die Flasche entkorkt hatte, und darüber lachten alle, Aemilian Karrner ausgenommen, lachten und applaudierten und lachten, wie Leute lachen, die beschlossen haben, lustig zu sein –

Es war dann, daß die Schoiberer den Dorfwirt gefragt hatte, ob er ihren Doktor gesehen habe, nachdem sie den Fleischhauer gefragt gehabt hatte. Und sie hatte gefragt, weil das Frühstücksgeschirr stehengeblieben war, das Frühstücksgeschirr habe er immer selbst abgewaschen, hatte die Schoiberer zum Fleischhauer und zum Dorfwirt gesagt; frag den Herrn Falerno, hatte der Dorfwirt gesagt, und die Schoiberer hat vom Dorfwirt den Herrn Falerno angerufen, der an diesem Tag in der Stadt war. Aber dem Herrn Falerno war es auch neu, daß Aemilian Karrner nicht sollte in seinem Turm sein, wo er nur sein könne, fragte sich Herr Falerno am Telephon, denn das mit dem Frühstücksgeschirr bedeute sicher nichts, außerdem habe der Herr Graf ihm neulich geschrieben, nein, Frau Schoiberer, was das betrifft, da ist alles in Ordnung –

Und von da an und erst recht zu Mittag, als die Handwerker zum Essen gekommen sind, hat der Dorfwirt einen jeden gefragt, ob er nicht den Turmdoktor gesehen habe, aber keiner hatte ihn gesehen, und ein jeder hat gesagt, daß es merkwürdig sei, bis die Moosbäurin in die Stuben gekommen ist, um den Arzt anzurufen, weil der Bauer schon den dritten Tag schwer fiebere, und die hat gesagt, als sie der Dorfwirt gefragt hat, wohl, den Doktor habe sie gesehen, vorgestern, nach sieben, es sei schon am lichter werden gewesen, ja, da sei der Doktor vorbeigegangen am Hof, er habe nicht hergeschaut, und sie sei gleich wieder zum Bauern ins Haus –

Wenn er bis morgen nicht da sei, müsse man die Abgängigkeitsanzeige machen, sagte einer zum Wirt.